¿POR QUÉ MASLOW?

Huntersville, North Carolina, US, Abril 24 2018

Publicado por primera vez por Juan Rodulfo 2018

Copyright © 2018 por Juan Rodulfo

Reservados todos los derechos.

Ninguna parte de esta publicación puede ser reproducida, almacenada o transmitida en cualquier forma o por cualquier medio, electrónico, mecánico, fotocopiar, grabar, escanear o de otro modo sin permiso por escrito del editor. Es ilegal copiar este libro, publicarlo en un sitio web o distribuirlo por cualquier otro medio sin permiso.

Juan Rodulfo no tiene ninguna responsabilidad por la persistencia o exactitud de URL de sitios web de Internet externos o de terceros a los que se hace referencia en esta publicación y no garantiza que el contenido de dichos sitios web sea, o permanecerá, exacta o apropiada.

Las denominaciones utilizadas por las empresas para distinguir sus productos suelen ser reclamados como marcas comerciales. Todas las marcas y nombres de productos utilizados en este libro y en su portada, nombres comerciales, marcas de servicio, marcas registradas son marcas registradas de sus respectivos propietarios. Los editores y el libro no están asociados con ningún producto o proveedor mencionado en este libro. Ninguna de las empresas u organizaciones a las que se hace referencia en el libro lo han respaldado.

Catálogo de la Biblioteca del Congreso
Nombre: Juan Rodulfo

ISBN: 978-1-0879-6033-3 (paperback)
ISBN: 978-1-0879-6768-4 (e-book)
ISBN: 979-8-3305-3445-6 (hardcover)

Primera edición
Arte de portada por Juan Rodulfo
Production: Aussie Trading, LLC
books@aussietrading.ltd
Impreso en EE. UU.

porquemaslow.com

"Antes que las necesidades cognitivas de un estudiante se cumplan, primero se deben cumplir sus necesidades fisiológicas básicas. Por ejemplo, a un estudiante hambriento y cansado le será difícil enfocarse en aprender. Los estudiantes necesitan sentirse emocional y físicamente seguros dentro del salón de clases para progresar y alcanzar su máximo potencial"

Contenido:

PROEMIO 11
PARTE I –LA TEORIA DE LAS NECESIDADES DE
MASLOW 15
  ¿Quién fue Abraham Maslow? 17
  Jerarquía de necesidades de Maslow 21
    La jerarquía original de necesidades incluye el modelo de cinco etapas. 24
    Maslow postuló que las necesidades humanas están ordenadas en una jerarquía: 26
      Resumen de jerarquía de necesidades................... 27
      La jerarquía expandida de necesidades. 28
      Autorrealización o Auto-Actualización 29
      Maslow ofrece la siguiente descripción de autorrealización: 31
      Características de las personas auto-actualizadas. 31
      Características de los auto-actualizadores: 32
      Comportamiento que conduce a la auto-actualización: 33
  Diferentes Enfoques.. 41
    Metodología 43
      Ranking 43
        Ranking Global 43
        Ranking Sexual 44
        Cambios de Jerarquía según la circunstancia.... 44
    Definición de Términos 47
      Auto-actualización o Autorrealización 47
      Necesidades Humanas y no humanas 47
  Aplicaciones Educativas 49
  Un Enfoque Práctico a la Jerarquía de las Necesidades de Maslow.. 50
    Progresión de las Necesidades Básicas del Humano 51

PARTE II –LOS GOBIERNOS Y LAS JERARQUIAS DE LAS NECESIDADES..53

Alimentos, Agua, Refugio, Sueño 55
  Seguridad Alimenticia 55
  Medición 59
  Indicadores 62
    Ejemplos de Inseguridad Alimenticia 63
    Seguridad Alimenticia por País 64
      Afganistán 64
      México 64
      Estados Unidos.. 65
      En 2016: 66
      República Democrática del Congo 66
    Crecimiento del Suministro de Comida Per Capita en el Mundo (base calórica) 68
      Disponibilidad... 68
      Acceso 70
      Utilización 72
      Estabilidad... 73
      Efectos de la Inseguridad Alimenticia 74
      Atrofias y deficiencias nutricionales crónicas .. 75
  Retos para alcanzar la Seguridad Alimenticia 76
    La Crisis Global del Agua..................................... 76
    Degradación de la tierra 79
    Cambio Climático 79
    Enfermedades agrarias 83
    Alimentos versus combustible 83
    Política 84
    Soberanía alimentaria... 87
  Los niños y la seguridad alimentaria 88
    En los Estados Unidos 88
    Género y seguridad alimentaria 93
  Falta de vivienda 96
    Aquí hay 5 razones primordiales por las cuales la falta de vivienda en América es la oveja negra de la política: 104
Salud, Familia, Estabilidad Social 108
  Desigualdades en Salud 115

Determinantes en Salud 116
Ciudadanía 117
Educación... 119
Como la Educación y el Entrenamiento afectan la
Economía 123
¿Cuánta productividad extra podrá él o ella esperar
que pueda ganar?... 126
Barreras a la Educación alrededor del mundo 129
Falta de Fondos para educación........................... 129
Falta de Maestros o Maestros no Adiestrados 130
Falta de Aulas 131
Déficit de Materiales Educativos 132
La exclusión de los niños con discapacidad. 132
Ser el género "incorrecto" 133
Vivir en un país en conflicto o en riesgo de
conflicto 135
Distancia del hogar a la escuela........................... 136
Hambre y mala nutrición. 137
El gasto de la educación....................................... 138

PARTE III – PERMANECER EN EL PODER PARA SIEMPRE 141
¡Mantenlos en su Escalón Primitivo!..................... 143
Definiciones operativas propuestas de privación de
necesidades humanas básicas para los jóvenes 144

EL AUTOR..154
Publicaciones: 155
Libros:.. 155
Blogs: 155
Producciones Audiovisuales: 156
Podcasts: 156
Música:... 156
Fotografía y Video: 156
Perfiles de redes sociales: 156

Referencias..158

PROEMIO

Era mi Segundo año de estudios en la Universidad, alrededor de los años 1988-1989, cuando por primera vez estudié a Abraham Harold Maslow, desde ahí, su teoría me ha servido como herramienta para interpretar diferentes ambientes donde he jugado diferentes roles como Humano, Hijo, Hermano, Amigo, Líder, Trabajador, Padre y otros roles que la sociedad me ha dado.

Después de graduarme y haber afrontado las realidades de mi Carrera en mi país, supe que la única manera de escalar en la pirámide para mí, era emprendiendo, por supuesto primero siendo ayudado por el gobierno para comprar una casa (Primer Nivel de la Pirámide) y aplicar un préstamo para cursar estudios de Postgrado (Educación/Necesidades de estima del Cuarto Nivel de la Pirámide), una vez alcanzadas estas etapas, ya estaba preparado para alcanzar el último Nivel, pero algo pasó, Fuerzas Políticas[i] sorpresiva y violentamente nos expulsaron a mí y a mi familia (Junto unos cientos más) del 4to Nivel de la Pirámide hasta el Primer Nivel, forzándonos a recorrer ciudades en busca de comida o medicinas, preocupados de sufrir un secuestro, robo o encarcelamiento por criminales o por el mismo Gobierno usando las fuerzas paramilitares o el cuerpo policial corrupto una vez más bajo la supervisión del Gobierno.

Este miedo me apartó lejos, aterrizando así en tierras estadounidenses en busca de refugio, comida, agua, seguridad, protección y amigos, de regreso al Primer Nivel de la Pirámide...

En medio de largos momentos de meditación como Jardinero, luego trabajador en Almacén de Carros Chatarras, Chofer de Camión de Entregas y Taxista LYFT, tuve la oportunidad de estudiar esta civilización de Primer Mundo[ii], donde la mayor parte de las personas viven entre la 1^{era} y 2da etapa de la Pirámide de las Necesidades, porque el Gobierno/Sector Privado con todas sus deficiencias han logrado proveer a la mayor parte de los ciudadanos con refugio, comida, agua, protección y seguridad.

¿Por qué Maslow? Él viene de nuevo a mi mente, porque me doy cuenta de que esta Teoría es la estructura viviente de nuestra Sociedad, en cualquiera de sus mundos: Primero, Segundo, Tercero, etc., en este libro trato de entender la Organización del Mundo empleando la Pirámide de las Necesidades como Marco Teórico, con la esperanza de un mundo donde los que están en el tope ayuden a los que estén en el primer nivel de verdad... Jajajaja! Lo que es real es que cualquiera de ustedes que lea este libro podrá

porquemaslow.com

entender su situación y alcanzar la cúspide de la Pirámide no sobre la cabeza de otros, sino ayudando a los que están en las etapas inferiores a superarlas. Este sería el mejor Halloween para el 20% de la población que permanece en el tope sobre el resto de Nosotros.

PARTE I – LA TEORIA DE LAS NECESIDADES DE MASLOW

1

¿Quién fue Abraham Maslow?

Abraham Maslow era un psicólogo preocupado por la naturaleza de la experiencia humana; Eso es un psicólogo humanista. En 1943, propuso una teoría que describía las diferentes necesidades que tienen todos los humanos y la jerarquía en la que se organizan esas necesidades. Según Maslow, las necesidades de nivel superior no pueden satisfacerse a menos que se hayan satisfecho las necesidades de nivel inferior. Esta jerarquía ha tenido un impacto significativo en el campo de la psicología y la educación[iii].

Abraham Harold Maslow nació el 1 de abril de 1908 en Brooklyn, Nueva York. Fue el primero de los siete hijos de sus padres, quienes también eran inmigrantes judíos de

Rusia sin educación. Sus padres, esperando lo mejor para sus hijos en el nuevo mundo, lo empujaron por el éxito académico. No en vano, se sintió muy solo como niño y encontró su refugio en los libros.

Para satisfacer a sus padres, primero estudió leyes en el City College de Nueva York (CCNY). Después de tres semestres, se trasladó a Cornell, y luego de vuelta a CCNY. Se casó con Bertha Goodman, su primera prima, contra los deseos de sus padres. Abe y Bertha pasaron a tener dos hijas.

Él y Bertha se mudaron a Wisconsin para poder asistir a la Universidad de Wisconsin. Aquí, él se interesó en la psicología, y su trabajo escolar comenzó a mejorar dramáticamente. Pasó un tiempo allí trabajando con Harry Harlow, quien es famoso por sus experimentos con monos Rhesus y su comportamiento de apego.

Recibió su licenciatura en 1930, su maestría en 1931 y su doctorado en 1934, todos en psicología de la Universidad de Wisconsin. Un año después de graduarse, regresó a Nueva York para trabajar con E. L. Thorndike en Columbia, donde Maslow se interesó en la investigación sobre la sexualidad humana.

Comenzó a enseñar a tiempo completo en el Brooklyn College. Durante este período de su vida, entró en contacto con los muchos intelectuales europeos que estaban emigrando a los Estados Unidos (Brooklyn en particular), personas como Adler, Fromm, Horney, y varios psicólogos de la Gestalt y Freudianos.

Maslow se desempeñó como presidente del departamento de psicología en Brandeis desde 1951 hasta 1969. Mientras conoció a Kurt Goldstein, quien había originado la idea de la autorrealización en su famoso libro, El organismo (1934). También fue aquí donde comenzó su cruzada por una psicología humanista, algo que en última instancia es mucho más importante para él que su propia teorización.

Pasó sus últimos años en semi-retiro en California, hasta que, el 8 de junio de 1970, murió de un ataque al corazón después de años de mala salud.[iv]

2

Jerarquía de necesidades de Maslow

Una de las muchas cosas interesantes que Maslow notó mientras trabajaba con monos al principio de su carrera fue que algunas necesidades tienen prioridad sobre otras. Por ejemplo, si tiene hambre y sed, tenderá a tratar de cuidar la sed primero. Después de todo, puede prescindir de alimentos durante semanas, ¡pero solo puede prescindir de agua durante un par de días! La sed es una necesidad "más fuerte" que el hambre. De la misma manera, si tienes mucha sed, pero alguien te ha agarrado y no puedes respirar, ¿qué es más importante? La necesidad de respirar, por supuesto. Por otro lado, el sexo es menos poderoso que cualquiera de estos. Enfrentémoslo, ¡no morirás si no lo consigues![v]

La jerarquía de necesidades de Maslow es una teoría motivacional en psicología que comprende un modelo de necesidades humanas de cinco niveles, a menudo representado como niveles jerárquicos dentro de una pirámide.

Las necesidades más bajas en la jerarquía deben satisfacerse antes de que las personas puedan atender las necesidades más altas. Desde la base de la jerarquía hacia arriba, las necesidades son: fisiológica, seguridad, amor y pertenencia, estima y auto actualización.

Este modelo de cinco etapas se puede dividir en necesidades de deficiencia y necesidades de crecimiento. Los primeros cuatro niveles a menudo se conocen como necesidades de deficiencia (necesidades D), y el nivel superior se conoce como crecimiento o necesidades (necesidades B).

Las necesidades de deficiencia surgen debido a la privación y se dice que motivan a las personas cuando no están satisfechas. Además, la motivación para satisfacer tales necesidades se hará más fuerte a medida que se deniegue la duración. Por ejemplo, cuanto más tiempo pase una persona sin comer, más hambre tendrá.

Maslow (1943) inicialmente declaró que las personas deben satisfacer las necesidades de déficit de nivel inferior antes de avanzar para satisfacer las necesidades de crecimiento de nivel superior. Sin embargo, más tarde aclaró que la satisfacción de una necesidad no es un fenómeno de "todo o nada", admitiendo que sus declaraciones anteriores pueden haber dado "la falsa impresión de que una necesidad debe satisfacerse al 100 por ciento antes de que surja la próxima necesidad" (1987, p. 69).

Cuando una necesidad de déficit ha sido "más o menos" satisfecha, desaparecerá y nuestras actividades se dirigirán habitualmente hacia la siguiente serie de necesidades que aún tenemos que satisfacer. Estas se convierten entonces en nuestras necesidades salientes. Sin embargo, las necesidades de crecimiento se siguen sintiendo e incluso pueden fortalecerse una vez que se han comprometido.

Las necesidades de crecimiento no se derivan de la falta de algo, sino del deseo de crecer como persona. Una vez que estas necesidades de crecimiento han sido razonablemente satisfechas, uno puede alcanzar el nivel más alto llamado auto actualización.

Cada persona es capaz y tiene el deseo de ascender en la jerarquía hacia un nivel de autorrealización. Desafortunadamente, el progreso a menudo se ve interrumpido por el hecho de no satisfacer las necesidades de un nivel inferior. Las experiencias de vida, incluido el divorcio y la pérdida de un empleo, pueden hacer que una persona fluctúe entre los niveles de la jerarquía.

Por lo tanto, no todos se moverán a través de la jerarquía de manera unidireccional, sino que podrán moverse de un lado a otro entre los diferentes tipos de necesidades.

La jerarquía original de necesidades incluye el modelo de cinco etapas.

Maslow (1943, 1954) declaró que las personas están motivadas para lograr ciertas necesidades y que algunas tienen prioridad sobre otras. Nuestra necesidad más básica es la supervivencia física, y esto será lo primero que motive nuestro comportamiento. Una vez que se cumple ese nivel, el siguiente nivel es lo que nos motiva, y así sucesivamente.

1. Necesidades fisiológicas: estos son requisitos biológicos para la supervivencia humana, p. Ej. Aire, comida, bebida, refugio, ropa, calor, sexo, sueño.

Si estas necesidades no se satisfacen, el cuerpo humano no puede funcionar de manera óptima. Maslow consideró que las necesidades fisiológicas eran las más importantes, ya que todas las demás necesidades se convierten en secundarias hasta que se satisfacen estas necesidades.

2. Necesidades de seguridad: protección contra elementos, seguridad, orden, ley, estabilidad, libertad del miedo.

3. Necesidades de amor y pertenencia: después de satisfacer las necesidades fisiológicas y de seguridad, el tercer nivel de las necesidades humanas es social e implica sentimientos de pertenencia. La necesidad de relaciones interpersonales motiva el comportamiento.

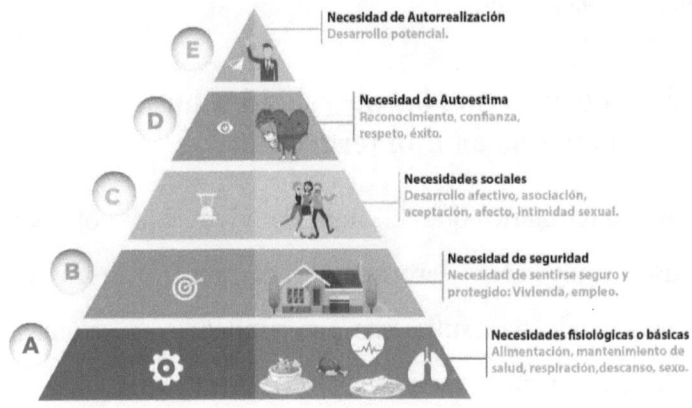

Los ejemplos incluyen amistad, intimidad, confianza y aceptación, recibir y dar afecto y amor. Afiliarse, ser parte de un grupo (familia, amigos, trabajo).

4. Necesidades de estima, que Maslow clasificó en dos categorías: (i) estima por uno mismo (dignidad, logros, dominio, independencia) y (ii) el deseo de reputación o respeto de los demás (por ejemplo, estatus, prestigio).

Maslow indicó que la necesidad de respeto o reputación es más importante para los niños y adolescentes y precede a la autoestima o la dignidad real.

5. Necesidades de autorrealización: realizar el potencial personal, la realización personal, buscar el crecimiento personal y las mejores experiencias. Un deseo de "convertirse en todo lo que uno es capaz de llegar a ser". (Maslow, 1987, p. 64).

Maslow postuló que las necesidades humanas están ordenadas en una jerarquía:

"Es bastante cierto que el hombre vive solo con pan, cuando no hay pan. ¿Pero qué sucede con los deseos del hombre cuando hay suficiente pan y cuando su estómago está lleno crónicamente?".

Al mismo tiempo surgen otras necesidades (y "superiores") y éstas, en lugar de las hambres fisiológicas, dominan el organismo. Y cuando estos a su vez están satisfechos, nuevamente surgen nuevas necesidades (y aún así "superiores") y así sucesivamente. Esto es lo que queremos decir al decir que las necesidades humanas básicas están organizadas en una jerarquía de prepotencia relativa " (Maslow, 1943, p. 375).

Maslow continuó refinando su teoría basándose en el concepto de una jerarquía de necesidades durante varias décadas (Maslow, 1943, 1962, 1987).

Con respecto a la estructura de su jerarquía, Maslow (1987) propuso que el orden en la jerarquía "no es tan rígido" (p. 68) como pudo haber implicado en su descripción anterior.

Maslow señaló que el orden de las necesidades podría ser flexible en función de circunstancias externas o diferencias individuales. Por ejemplo, señala que para algunas personas, la necesidad de autoestima es más importante que la necesidad de amor. Para otros, la necesidad de realización creativa puede reemplazar incluso las necesidades más básicas.

Maslow (1987) también señaló que la mayoría de los comportamientos tienen múltiples motivaciones y señaló que "cualquier comportamiento tiende a ser determinado por varias o todas las necesidades básicas simultáneamente, en lugar de por una sola de ellas". (p. 71).

Resumen de jerarquía de necesidades

(a) Los seres humanos están motivados por una jerarquía de necesidades.

(b) Las necesidades se organizan en una jerarquía de prepotencia en la que las necesidades más básicas deben satisfacerse más o menos (en lugar de todas o ninguna) antes de las necesidades más altas.

(c) El orden de las necesidades no es rígido, sino que puede ser flexible en función de circunstancias externas o diferencias individuales.

(d) La mayoría de los comportamientos tienen múltiples motivaciones, es decir, se determinan simultáneamente por más de una necesidad básica.

La jerarquía expandida de necesidades.

Es importante señalar que el modelo de cinco etapas de Maslow (1943, 1954) se ha ampliado para incluir las necesidades cognitivas y estéticas (Maslow, 1970a) y las necesidades posteriores de la trascendencia (Maslow, 1970b).

Los cambios al modelo original de cinco etapas se resaltan e incluyen un modelo de siete etapas y un modelo de ocho etapas; Ambos se desarrollaron durante los años sesenta y setenta.

1. Necesidades biológicas y fisiológicas: aire, comida, bebida, refugio, calor, sexo, sueño, etc.

2. Necesidades de seguridad: protección de elementos, seguridad, orden, ley, estabilidad, etc.

3. El amor y la pertenencia necesitan: amistad, intimidad, confianza y aceptación, recibir y dar afecto y amor. Afiliarse, ser parte de un grupo (familia, amigos, trabajo).

4. Necesidades de estima, que Maslow clasificó en dos categorías: (i) estima por uno mismo (dignidad, logros, dominio, independencia) y (ii) el deseo de reputación o respeto de los demás (por ejemplo, estatus, prestigio).

5. Necesidades cognitivas: conocimiento y comprensión, curiosidad, exploración, necesidad de significado y previsibilidad.

6. Necesidades estéticas: apreciación y búsqueda de belleza, equilibrio, forma, etc.

7. Necesidades de autorrealización: realizar el potencial personal, la realización personal, buscar el crecimiento personal y las mejores experiencias.

8. Necesidades de trascendencia: una persona está motivada por valores que trascienden más allá del yo personal (por ejemplo, experiencias místicas y ciertas experiencias con la naturaleza, experiencias estéticas, experiencias sexuales, servicio a los demás, búsqueda de la ciencia, fe religiosa, etc.).

Autorrealización o Auto-Actualización

En lugar de centrarse en la psicopatología y en lo que va mal con las personas, Maslow (1943) formuló una descripción más positiva del comportamiento humano que se centró en lo que va bien. Él estaba interesado en el potencial humano, y en cómo cumplimos ese potencial.

El psicólogo Abraham Maslow (1943, 1954) afirmó que la motivación humana se basa en personas que buscan la realización y el cambio a través del crecimiento personal. Las personas autorrealizadas son aquellas que se cumplieron y que hicieron todo lo que fueron capaces de hacer.

El crecimiento de la autorrealización (Maslow, 1962) se refiere a la necesidad de crecimiento y descubrimiento personal que está presente a lo largo de la vida de una persona. Para Maslow, una persona siempre se está "convirtiendo" y nunca permanece estática en estos términos. En la autorrealización, una persona llega a encontrar un significado para la vida que es importante para ella.

Como cada individuo es único, la motivación para la autorrealización lleva a las personas en diferentes direcciones (Kenrick et al., 2010). Para algunas personas, la autorrealización se puede lograr mediante la creación de obras de arte o literatura, para otras a través del deporte, en el aula o en un entorno corporativo.

Maslow (1962) creía que la autorrealización podía medirse a través del concepto de experiencias máximas. Esto ocurre cuando una persona experimenta el mundo totalmente por lo que es, y hay sentimientos de euforia, alegría y asombro.

Es importante tener en cuenta que la autorrealización es un proceso continuo de convertirse en un estado perfecto en lugar de un estado "feliz para siempre" (Hoffman, 1988).

Maslow ofrece la siguiente descripción de autorrealización:

"Se refiere al deseo de la persona de realizarse a sí mismo, es decir, a la tendencia de que se actualice en lo que potencialmente es.

La forma específica que tomarán estas necesidades, por supuesto, variará mucho de persona a persona. En un individuo puede tomar la forma del deseo de ser una madre ideal, en otro puede expresarse atléticamente, y en otro puede expresarse en cuadros de pintura o en inventos" (Maslow, 1943, Pág. 382–383).

Características de las personas auto-actualizadas.

Aunque todos somos teóricamente capaces de auto-actualizarnos, la mayoría de nosotros no lo haremos, o solo en un grado limitado. Maslow (1970) estimó que solo el dos por ciento de las personas alcanzaría el estado de autorrealización. Estaba especialmente interesado en las características de las personas que consideraba que habían alcanzado su potencial como individuos.

Al estudiar a 18 personas, se consideró auto actualizado (incluidos Abraham Lincoln y Albert Einstein). Maslow (1970) identificó 15 características de una persona autorrealizada

Características de los auto-actualizadores:

1. Perciben la realidad de manera eficiente y pueden tolerar la incertidumbre;

2. Aceptarse a sí mismos y a los demás por lo que son;

3. Espontáneo en pensamiento y acción;

4. Centrado en el problema (no egocéntrico);

5. Inusual sentido del humor;

6. Capaz de mirar la vida objetivamente;

7. Altamente creativo;

8. Resistente a la enculturación, pero no deliberadamente no convencional;

9. Preocupado por el bienestar de la humanidad;

porquemaslow.com

10. Capaz de apreciar profundamente la experiencia de vida básica;

11. Establecer relaciones interpersonales profundas y satisfactorias con algunas personas;

12. Experiencias máximas;

13. Necesidad de privacidad;

14. Actitudes democráticas;

15. Fuertes estándares morales / éticos.

Comportamiento que conduce a la auto-actualización:

(a) Experimentar la vida como un niño, con plena absorción y concentración;

(b) Intentar cosas nuevas en lugar de seguir caminos seguros;

(c) Escuchar sus propios sentimientos al evaluar experiencias en lugar de la voz de la tradición, la autoridad o la mayoría;

(d) Evitar la simulación ("jugar juegos") y ser honesto;

(e) Estar preparado para ser impopular si sus puntos de vista no coinciden con los de la mayoría;

(f) Asumir responsabilidades y trabajar duro;

(g) Intentar identificar sus defensas y tener el coraje de renunciar a ellas.

Las características de los auto actualizadores y los comportamientos que conducen a la auto actualización se muestran en la lista anterior. Aunque las personas logran la autorrealización de una manera única, tienden a compartir ciertas características. Sin embargo, la autorrealización es una cuestión de grado: "No hay seres humanos perfectos" (Maslow, 1970a, p. 176).

No es necesario mostrar las 15 características para auto-actualizarse, y no solo las personas auto-actualizadas las mostrarán. Maslow no equiparó la auto actualización con la perfección. La autorrealización simplemente implica alcanzar el potencial de uno. Por lo tanto, alguien puede ser tonto, derrochador, vano e imprudente, y aun así auto actualizarse. Menos del dos por ciento de la población logra la autorrealización.

En su influyente documento de 1943, Una teoría de la motivación humana, el psicólogo estadounidense Abraham Maslow propuso que los seres humanos sanos tienen un cierto número de necesidades y que estas necesidades están organizadas en una jerarquía, con algunas necesidades (como las necesidades fisiológicas y de seguridad).) ser más primitivo o básico que otros (como las necesidades sociales y del ego). La llamada "jerarquía de necesidades" de Maslow a menudo se presenta como una pirámide de cinco niveles, y las necesidades más altas se enfocan solo una vez que son menores, se satisfacen las necesidades más básicas.

Maslow llamó a los cuatro niveles inferiores de la pirámide "necesidades de deficiencia" porque una persona no siente nada si se los satisface, pero se siente ansiosa si no lo está. Por lo tanto, las necesidades fisiológicas como comer, beber y dormir son necesidades de deficiencia, al igual que las necesidades de seguridad, las necesidades sociales como la amistad y la intimidad sexual, y las necesidades del ego como la autoestima y el reconocimiento. En contraste, Maslow calificó el quinto nivel de la pirámide como una "necesidad de crecimiento" porque le permite a una persona "auto-actualizarse" o alcanzar su máximo potencial como ser humano. Una vez que una persona ha satisfecho sus necesidades de deficiencia, puede dirigir su atención a la auto actualización; sin embargo, solo una pequeña minoría de personas puede auto actualizarse porque la autorrealización requiere cualidades poco comunes como la honestidad, la independencia, la conciencia, la objetividad, la creatividad y la originalidad.

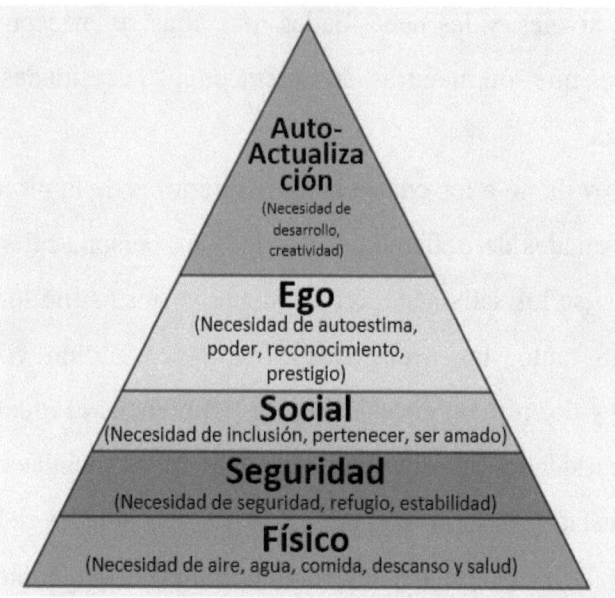

Jerarquía de necesidades de Maslow, Fuente: Neel Burton

Aunque la jerarquía de necesidades de Maslow ha sido criticada por ser demasiado esquemática y por carecer de fundamento científico, presenta una teoría intuitiva y potencialmente útil de la motivación humana. Después de todo, seguramente hay algo de verdad en el dicho popular de que uno no puede filosofar con el estómago vacío, y en la observación inicial de Aristóteles de que "todo trabajo pagado absorbe y degrada la mente".

Aristóteles (derecha): 'Coraje es la primera de las cualidades humanas porque es la cualidad que garantiza a los otros' Fuente: Wikicommons

Una vez que una persona ha satisfecho sus necesidades de deficiencia, el enfoque de su ansiedad cambia a la auto actualización y comienza, aunque solo sea a nivel subconsciente o semiconsciente, a contemplar el contexto y el significado de la vida. Puede llegar a temer que la muerte es inevitable y que la vida no tiene sentido, pero al mismo tiempo se aferra a la apreciada creencia de que su vida es eterna o, al menos, importante. Esto da lugar a un conflicto interno que a veces se denomina "ansiedad existencial" o, más colorido, como "el trauma del no ser".

La ansiedad existencial es tan perturbadora que la mayoría de las personas la evitan a toda costa. Construyen una realidad inauténtica pero reconfortante formada por códigos morales, valores burgueses, costumbres, cultura e incluso, posiblemente, religión. El teólogo de Harvard Paul Tillich

(1886-1965) y, de hecho, Freud mismo sugirieron que la religión no es más que un mecanismo de afrontamiento cuidadosamente diseñado para la ansiedad existencial. Para Tillich, la verdadera fe consiste simplemente en "estar vitalmente preocupado con esa realidad última a la que le doy el nombre simbólico de Dios".

Según el filósofo Jean-Paul Sartre (1905-1980), al negarse a enfrentarse con el "no ser", una persona está actuando de "mala fe", y así vivir una vida que no es auténtica ni satisfactoria. Hacer frente al no ser puede traer una sensación de calma, libertad, incluso nobleza y, sí, también puede traer inseguridad, soledad, responsabilidad y, en consecuencia, ansiedad. Pero lejos de ser patológico, esta ansiedad es un signo de salud, fuerza y valor. Como señaló Freud, "la mayoría de las personas no quieren realmente la libertad, porque la libertad implica responsabilidad, y la mayoría de las personas tienen miedo de la responsabilidad".

Para Tillich, negarse a enfrentar el no ser no solo conduce a una vida que no es auténtica, sino también a la ansiedad neurótica. Tillich comentó con tristeza que la neurosis es "la manera de evitar el no ser al evitar ser". De acuerdo con esta perspectiva, la ansiedad neurótica surge de la ansiedad existencial reprimida, que a su vez surge de la naturaleza de la condición humana y, más específicamente, de nuestra capacidad exclusivamente humana de autoconciencia.

Hacer frente al no ser le permite a una persona poner su vida en perspectiva, verla en su totalidad y, por lo tanto, darle un sentido de dirección y unidad. Si la fuente última de ansiedad es el miedo al futuro, el futuro termina en la muerte; y si la fuente última de ansiedad es la incertidumbre, la muerte es la única certeza. Enfrentarse a la muerte, aceptar su inevitabilidad e integrarla en la vida no solo cura la neurosis, sino que también le permite obtener y aprovechar la vida al máximo.[vi]

3

Diferentes Enfoques

¿Qué es la naturaleza humana? ¿Existen necesidades y motivaciones innatas, jerárquicas, humanas? ¿Se han transformado? ¿Cuáles son las implicaciones socio-políticas? Hace más de setenta años, Abraham Maslow presentó "Una teoría de la motivación humana" (1943). Su subsiguiente jerarquía de necesidades en forma de pirámide capturó la imaginación del mundo al sugerir que los humanos son conducidos por necesidades innatas de supervivencia, seguridad, amor y pertenencia, estima y autorrealización, en ese orden.

Casi todos los trabajos académicos eventualmente caen en el olvido, algunos instantáneamente. Un tercio de los artículos de ciencias sociales están totalmente sin unificar (Remler 2014). Algunas piezas, sin embargo, sobreviven a sus autores y continúan viviendo en la mente de sus compañeros y seguidores. Piense en La estructura de las revoluciones científicas de Thomas Kuhn, que actualmente encabeza la lista de las obras más citadas en ciencias sociales y humanidades, seguida de la Difusión de las innovaciones de Everett Rogers, la Pedagogía del oprimido de Paulo Freire y la Estrategia competitiva de Michael Porter (Verde 2016). ¿Has leído, o al menos has oído hablar de los cuatro? Si no, estás en buena compañía. Incluso las obras más citadas a menudo permanecen oscuras más allá de su campo designado, y casi todas son desconocidas más allá de la academia.

El destino de la jerarquía de las necesidades humanas de Maslow es diferente. Ha resonado poderosamente en la erudición a través de disciplinas. Más interesante aún, sigue siendo, unos 75 años después de su articulación, bien conocido más allá de la torre de marfil. Cuando trato de presentar la pirámide de Maslow a los estudiantes de primer año, me doy cuenta rápidamente de que no necesita presentación. Han oído hablar de él, han visto algunas versiones popularizadas de él antes, y sonó un acorde. Instintivamente, se siente familiar. La continua resonancia de la teoría de Maslow en la imaginación popular, aunque parezca poco científica, es posiblemente la evidencia más reveladora de su importancia: explica la naturaleza humana como algo que la mayoría de los humanos reconocen de inmediato en sí mismos y en otros.[vii]

Metodología

Maslow estudió lo que llamó la raza maestra de personas como Albert Einstein, Jane Addams, Eleanor Roosevelt y Frederick Douglass en lugar de personas con enfermedades mentales o neuróticas, y escribió que "el estudio de especímenes lisiados, atrofiados, inmaduros e insalubres solo puede rendir Una psicología inválida y una filosofía paralizada". Maslow estudió el 1% más saludable de la población estudiantil universitaria.

Ranking

Ranking Global

En su extensa revisión de la investigación basada en la teoría de Maslow, Wahba y Bridwell encontraron poca evidencia del ranking de necesidades que Maslow describió o de la existencia de una jerarquía definida.

El orden en que se organiza la jerarquía ha sido criticado como etnocéntrico por Geert Hofstede. La jerarquía de necesidades de Maslow no ilustra y amplía la diferencia entre las necesidades sociales e intelectuales de las personas criadas en sociedades individualistas y las criadas en sociedades colectivistas. Las necesidades y los impulsos de aquellos en las sociedades individualistas tienden a ser más egocéntricos que los de las sociedades colectivistas, centrándose en la mejora del yo, siendo la auto actualización el apex de la superación personal. En las sociedades colectivistas, las necesidades de aceptación y comunidad superarán las necesidades de libertad e individualidad.

Ranking Sexual

La posición y el valor del sexo en la pirámide también ha sido una fuente de críticas con respecto a la jerarquía de Maslow. La jerarquía de Maslow coloca al sexo en la categoría de necesidades fisiológicas junto con la comida y la respiración; Enumera el sexo únicamente desde una perspectiva individualista. Por ejemplo, el sexo se coloca con otras necesidades fisiológicas que deben satisfacerse antes de que una persona considere niveles "más altos" de motivación. Algunos críticos sienten que esta ubicación del sexo descuida las implicaciones emocionales, familiares y evolutivas del sexo dentro de la comunidad, aunque otros señalan que esto es cierto para todas las necesidades básicas.

Cambios de Jerarquía según la circunstancia

La clasificación de las necesidades de Maslow según la jerarquía de necesidades de Maslow no es universal y puede variar de una cultura a otra, debido a las diferencias individuales y la disponibilidad de recursos en el mundo. Región o entidad geopolítica / país.

En un estudio, el análisis factorial exploratorio (EPT) de una escala de trece ítems mostró que había dos niveles de necesidades particularmente importantes en los Estados Unidos durante el período de paz de 1993 a 1994: supervivencia (fisiológica y de seguridad) y psicológica (amor, autoestima), y auto-actualización). En 1991, se estableció y recopiló una medida retrospectiva en tiempo de paz durante la Guerra del Golfo Pérsico y se pidió a los ciudadanos estadounidenses que recordaran la importancia de las necesidades del año anterior. Una vez más, solo se identificaron dos niveles de necesidades; por lo tanto, las personas tienen la capacidad y la competencia para recordar y estimar la importancia de las necesidades. Para los ciudadanos de Medio Oriente (Egipto y Arabia Saudita), surgieron tres niveles de necesidades con respecto a la importancia y la satisfacción durante la época de paz retrospectiva de 1990. Estos tres niveles eran completamente diferentes de los de los ciudadanos estadounidenses.

Los cambios con respecto a la importancia y la satisfacción de las necesidades, desde el tiempo de paz retrospectivo hasta el tiempo de guerra debido al estrés, variaron significativamente en las diferentes culturas (Estados Unidos y Medio Oriente). Para los ciudadanos de los EE. UU., Solo había un nivel de necesidades, ya que todas las necesidades se consideraban igualmente importantes. Con respecto a la satisfacción de las necesidades durante la guerra, en los EE. UU. Había tres niveles: necesidades fisiológicas, necesidades de seguridad y necesidades psicológicas (sociales, de autoestima y de autorrealización). Durante la guerra, la satisfacción de las necesidades fisiológicas y las necesidades de seguridad se dividieron en dos necesidades independientes, mientras que en tiempos de paz, se combinaron como una sola. Para la gente de Medio Oriente, la satisfacción de las necesidades cambió de tres niveles a dos durante la guerra.

Un estudio de 1981 analizó cómo la jerarquía de Maslow podría variar según los grupos de edad. Una encuesta pidió a los participantes de diferentes edades que calificaran un número determinado de afirmaciones, de lo más importante a lo menos importante. Los investigadores encontraron que los niños tenían puntuaciones de necesidad física más altas que los otros grupos, la necesidad de amor surgió desde la niñez hasta la edad adulta joven, la necesidad de estima era más alta entre el grupo de adolescentes, los adultos jóvenes tenían el nivel más alto de autorrealización y la vejez tenía el más alto nivel de seguridad, se necesitaba en todos los niveles de manera similar. Los autores argumentaron que esto sugería que la jerarquía de Maslow podría estar limitada como una teoría para la secuencia de desarrollo, ya que la secuencia de la necesidad de amor y la necesidad de autoestima deberían revertirse de acuerdo con la edad.

Definición de Términos

Auto-actualización o Autorrealización

El término "autorrealización" puede no transmitir universalmente las observaciones de Maslow; esta motivación se refiere a centrarse en convertirse en la mejor persona por la que uno puede esforzarse al servicio del yo y de los demás. (no se necesita una fuente primaria) El término de autorrealización de Maslow podría no reflejar correctamente la extensión total de este nivel; muy a menudo, cuando una persona está en el nivel de autorrealización, gran parte de lo que logran en general puede beneficiar a otros, o "el bien mayor".

Necesidades Humanas y no humanas

Abulof sostiene que si bien Maslow enfatiza que "la teoría de la motivación debe ser antropocéntrica en lugar de centrada en los animales", su teoría erige una pirámide en gran parte animal, coronada con un borde humano: "La naturaleza superior del hombre descansa sobre la naturaleza inferior del hombre, y la necesita como base y colapsando sin este fundamento... Nuestras cualidades divinas descansan y necesitan nuestras cualidades animales". Abulof señala que "todos los animales buscan supervivencia y seguridad, y muchos animales, especialmente los mamíferos, también invierten esfuerzos para pertenecer y ganar estima... Los primeros cuatro de Los cinco peldaños clásicos de Maslow no tienen nada excepcionalmente humano". Incluso cuando se trata de la "autorrealización", argumenta Abulof, no está claro cuán distintivamente humano es el "yo" actualizador. Después de todo, este último, según Maslow, constituye "un núcleo interno, más biológico, más instintivo de la humanidad". La naturaleza ", por lo tanto," la búsqueda de los propios valores intrínsecos y auténticos "verifica la libertad humana de elección:" Un músico debe hacer música ", por lo que la libertad se limita simplemente a la elección del instrumento."[viii]

Aplicaciones Educativas[ix]

La teoría de la jerarquía de necesidades de Maslow (1962) ha hecho una importante contribución a la enseñanza y la gestión del aula en las escuelas. En lugar de reducir el comportamiento a una respuesta en el entorno, Maslow (1970a) adopta un enfoque holístico de la educación y el aprendizaje. Maslow analiza las cualidades físicas, emocionales, sociales e intelectuales completas de un individuo y su impacto en el aprendizaje.

Las aplicaciones de la teoría de la jerarquía de Maslow al trabajo del maestro del aula son obvias. Antes de poder satisfacer las necesidades cognitivas de un estudiante, primero deben satisfacer sus necesidades fisiológicas básicas. Por ejemplo, a un estudiante cansado y hambriento le resultará difícil concentrarse en el aprendizaje. Los estudiantes necesitan sentirse emocional y físicamente seguros y aceptados dentro del aula para progresar y alcanzar su máximo potencial.

Maslow sugiere que se debe demostrar a los estudiantes que son valorados y respetados en el aula, y que el maestro debe crear un ambiente de apoyo. Los estudiantes con baja autoestima no progresarán académicamente a un ritmo óptimo hasta que su autoestima se fortalezca.

Maslow (1971, p. 195) argumentó que un enfoque educativo humanista desarrollaría personas que son "más fuertes, más sanas y que tomarían sus propias vidas en sus manos en mayor medida. Con una mayor responsabilidad personal por la vida personal, y con un conjunto racional de valores para guiar la elección, las personas comenzarán a cambiar activamente la sociedad en la que vivían".

Un Enfoque Práctico a la Jerarquía de las Necesidades de Maslow

La realidad es que en la vida diaria, la mayoría de nosotros perseguimos todas estas necesidades humanas simultáneamente en diversos grados. En lugar de centrarse en la necesidad que intenta satisfacer, considere la dirección general de su vida.

En lugar de apilar las necesidades, una sobre la otra, el psicólogo Clayton Alderfer, las ilustró en un continuo horizontal.

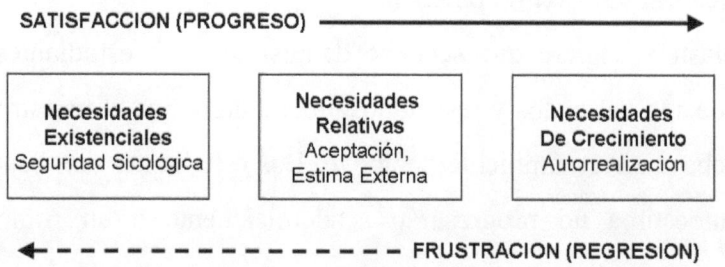

Progresión de las Necesidades Básicas del Humano

Si está invirtiendo un mayor esfuerzo en su crecimiento, probablemente se sienta más satisfecho. Y esta satisfacción probablemente aumentará tus esfuerzos de crecimiento.

La investigación realizada por el psicólogo Martin Seligman lo confirma. Seligman, el fundador de la psicología positiva, encuentra que las personas sienten más gratificación (felicidad duradera) cuando persiguen el crecimiento al jugar con sus fortalezas naturales.

Sin embargo, si su énfasis se está convirtiendo en una relación insatisfecha y en necesidades de existencia, su frustración está creciendo. La frustración disminuye tu motivación para crecer.[x]

PARTE II –LOS GOBIERNOS Y LAS JERARQUIAS DE LAS NECESIDADES

4

Alimentos, Agua, Refugio, Sueño

"Antes de poder satisfacer las necesidades cognitivas de un estudiante, primero deben satisfacer sus necesidades fisiológicas básicas. Por ejemplo, a un estudiante cansado y hambriento le resultará difícil concentrarse en el aprendizaje. Los estudiantes necesitan sentirse emocional y físicamente seguros y aceptados dentro del aula para progresar y alcanzar su máximo potencial".

Seguridad Alimenticia

"Existen tres rutas tradicionales hacia la seguridad alimentaria nacional: 1) producción nacional, que contribuye a la autosuficiencia; 2) importaciones comerciales de alimentos; y 3) ayuda alimentaria internacional". Por lo tanto, debemos dejar claro que existe una distinción "entre autosuficiencia y seguridad alimentaria, ya que la primera es solo una ruta posible hacia la seguridad alimentaria a nivel nacional". Desde 2007/2008, varios gobiernos de la región de Medio Oriente y África del Norte (MENA) han comenzado a considerar más producción doméstica de alimentos como parte de sus leyes nacionales de seguridad alimentaria agregadas. Aunque desde un punto de vista político, este enfoque puede estar justificado debido a que ayuda a estabilizar los precios domésticos de los alimentos y a deducir la vulnerabilidad a los mercados internacionales y la dependencia de otros países, tiene un costo económico enorme. Esto debido a la dotación de recursos de la mayoría "de los países MENA, la escasez de agua y la falta de tierra cultivable, no son adecuados para la producción de alimentos", específicamente la producción de cereales, y "las ventajas internacionales comparativas de estos países se encuentran en otras actividades económicas". Muchas de "las organizaciones internacionales involucradas en las economías MENA durante los años 90 y 2000 defendieron una estrategia de seguridad alimentaria para la mayoría de los países" que se basa en la diversificación de la agricultura hacia otras actividades múltiples ", incluidas las exportaciones de manufacturas, con el consiguiente cambio de divisas utilizado para comprar alimentos importados". "Dentro del sector agrícola, también se ha puesto énfasis en cambiar los recursos a cultivos de alto valor que son más eficientes en el uso del agua, como frutas, hortalizas y cultivos de árboles", con miras a los mercados de exportación, en reemplazo de la producción de cereales para consumo doméstico.[xi]

La seguridad alimentaria es una condición relacionada con la disponibilidad de alimentos, y la accesibilidad y asequibilidad de los individuos. Existe evidencia de que se usó hace más de 10,000 años, y se sabe que las autoridades centrales de las civilizaciones de la antigua China y el antiguo Egipto liberan alimentos del almacenamiento en tiempos de hambruna. En la Conferencia Mundial de la Alimentación de 1974, el término "seguridad alimentaria" se definió con énfasis en el suministro. Dijeron que la seguridad alimentaria es la "disponibilidad en todo momento de suministros de alimentos básicos, alimentarios, diversos, equilibrados y moderados a nivel mundial para sostener una expansión constante del consumo de alimentos y compensar las fluctuaciones en la producción y los precios". Las definiciones posteriores agregaron problemas de demanda y acceso a la definición. El informe final de la Cumbre Mundial sobre la Alimentación de 1996 afirma que la seguridad alimentaria "existe cuando todas las personas, en todo momento, tienen acceso físico y económico a alimentos suficientes, seguros y nutritivos para satisfacer sus necesidades dietéticas y preferencias alimentarias para una vida activa y saludable". La seguridad alimentaria de los hogares existe cuando todos los miembros, en todo momento, tienen acceso a alimentos suficientes para llevar una vida activa y saludable. Las personas que tienen seguridad alimentaria no viven en el hambre o el miedo a la inanición. De acuerdo con el Departamento de Agricultura de los Estados Unidos (USDA), la inseguridad alimentaria es una situación de "disponibilidad limitada o incierta de alimentos nutricionalmente adecuados y seguros o capacidad limitada o incierta para adquirir alimentos aceptables de manera socialmente aceptable". La seguridad alimentaria incorpora una medida de resiliencia ante futuras interrupciones o falta de disponibilidad de suministros de alimentos críticos debido a diversos factores de riesgo que incluyen sequías, interrupciones en el envío, escasez de combustible, inestabilidad económica y guerras. En los años 2011-2013, se estima que 842 millones de personas padecían hambre crónica. La Organización de las Naciones Unidas para la Agricultura y la Alimentación, o la FAO, identificaron los cuatro pilares de la seguridad alimentaria como disponibilidad, acceso, utilización y estabilidad. Las Naciones Unidas (ONU) reconocieron el Derecho a la

Alimentación en la Declaración de los Derechos Humanos en 1948, y desde entonces han señalado que es vital para el disfrute de todos los demás derechos.

La Cumbre Mundial sobre la Seguridad Alimentaria de 1996 declaró que "los alimentos no deben utilizarse como un instrumento para la presión política y económica". Según el Centro Internacional de Comercio y Desarrollo Sostenible, la regulación fallida de los mercados agrícolas y la falta de mecanismos antidumping causan gran parte de la escasez de alimentos y la desnutrición en el mundo.

Medición

La seguridad alimentaria se puede medir por la ingesta de calorías por persona por día, disponible en un presupuesto familiar. En general, el objetivo de los indicadores y medidas de seguridad alimentaria es capturar algunos o todos los componentes principales de la seguridad alimentaria en términos de disponibilidad, acceso y utilización o adecuación de los alimentos. Si bien la disponibilidad (producción y suministro) y la utilización / adecuación (estado nutricional / medidas antropométricas) parecían ser mucho más fáciles de estimar, por lo tanto más populares, el acceso (capacidad de adquirir suficiente cantidad y calidad) sigue siendo bastante difícil de alcanzar. Los factores que influyen en el acceso a los alimentos en los hogares a menudo son específicos del contexto.

Se han desarrollado varias medidas que apuntan a capturar el componente de acceso de la seguridad alimentaria, con algunos ejemplos notables desarrollados por el proyecto de Asistencia Técnica en Nutrición y Alimentos (FANTA) financiado por la USAID, en colaboración con la Universidad de Cornell y Tufts y Africare y World Vision. Éstos incluyen:

- Escala de acceso a la inseguridad alimentaria de los hogares (HFIAS): medida continua del grado de inseguridad alimentaria (acceso) en el hogar en el mes anterior
- Escala de diversidad dietética en el hogar (HDDS, por sus siglas en inglés): mide el número de diferentes grupos de alimentos consumidos durante un período de referencia específico (24hrs / 48hrs / 7days).
- Escala de hambre en el hogar (HHS): mide la experiencia de la privación de alimentos en el hogar basada en un conjunto de reacciones predecibles, capturada a través de una encuesta y resumida en una escala.

- Índice de estrategias de afrontamiento (CSI, por sus siglas en inglés): evalúa los comportamientos de los hogares y los clasifica según un conjunto de comportamientos establecidos variados sobre cómo los hogares enfrentan la escasez de alimentos. La metodología para esta investigación se basa en la recopilación de datos en una sola pregunta: "¿Qué haces cuando no tienes suficiente comida y no tienes suficiente dinero para comprar comida?"

La inseguridad alimentaria se mide en los Estados Unidos por preguntas en la Encuesta de población actual de la Oficina del Censo. Las preguntas planteadas son acerca de la ansiedad de que el presupuesto familiar es inadecuado para comprar alimentos suficientes, la cantidad o la calidad de los alimentos consumidos por los adultos y los niños en el hogar, y los casos de reducción de la ingesta de alimentos o las consecuencias de la reducción de la ingesta de alimentos para adultos y adultos. niños. Un estudio de la Academia Nacional de Ciencias encargado por el USDA criticó esta medida y la relación de "seguridad alimentaria" con el hambre, y agregó que "no está claro si el hambre se identifica adecuadamente como el extremo de la escala de seguridad alimentaria".

La FAO, el Programa Mundial de Alimentos (PMA) y el Fondo Internacional para el Desarrollo Agrícola (FIDA) colaboran para producir El estado de la inseguridad alimentaria en el mundo. La edición de 2012 describió las mejoras introducidas por la FAO en el indicador de prevalencia de subnutrición (PoU) que se utiliza para medir las tasas de inseguridad alimentaria. Las nuevas características incluyen requisitos mínimos de energía dietética revisados para países individuales, actualizaciones de los datos de la población mundial y estimaciones de pérdidas de alimentos en la distribución minorista para cada país. Las mediciones que se incluyen en el indicador incluyen el suministro de energía alimentaria, la producción de alimentos, los precios de los alimentos, los gastos en alimentos y la volatilidad del sistema alimentario. Las etapas de la inseguridad alimentaria van desde situaciones de seguridad alimentaria hasta hambrunas a gran escala. Una nueva revista revisada por pares, Food Security: The Science, Sociology and Economics of Food Production and Access to Food, comenzó a publicarse en 2009.

Indicadores

Con su indicador de prevalencia de subnutrición (PoU), la FAO informó que casi 870 millones de personas padecían desnutrición crónica en los años 2010-2012. Esto representa el 12,5% de la población mundial, o 1 de cada 8 personas. Las tasas más altas se producen en los países en desarrollo, donde 852 millones de personas (aproximadamente el 15% de la población) padecen desnutrición crónica. El informe señaló que Asia y América Latina han logrado reducciones en las tasas de subnutrición que pusieron a estas regiones en el buen camino para alcanzar el Objetivo de Desarrollo del Milenio de reducir a la mitad la prevalencia de la subnutrición para 2015. La ONU observó que alrededor de 2 mil millones de personas no consumen una cantidad suficiente De vitaminas y minerales. En la India, el segundo país más poblado del mundo, 30 millones de personas se han sumado a las filas de los hambrientos desde mediados de la década de 1990 y el 46% de los niños tienen bajo peso.

Ejemplos de Inseguridad Alimenticia

Las hambrunas han sido frecuentes en la historia mundial. Algunos han matado a millones y disminuido sustancialmente la población de un área grande. Las causas más comunes han sido la sequía y la guerra, pero las mayores hambrunas en la historia fueron causadas por la política económica.

Seguridad Alimenticia por País

Afganistán

En Afganistán, alrededor del 35% de los hogares padecen inseguridad alimentaria. La prevalencia de bajo peso, retraso del crecimiento y desgaste en niños menores de 5 años también es muy alta.

México

La inseguridad alimentaria ha afectado a México a lo largo de su historia y continúa haciéndolo en el presente. La disponibilidad de alimentos no es el problema; más bien, las deficiencias graves en la accesibilidad de los alimentos contribuyen a la inseguridad. Entre 2003 y 2005, el suministro total de alimentos mexicanos fue muy superior al suficiente para cumplir con los requisitos de la población mexicana, con un promedio de 3,270 kilocalorías por habitante diario, superior a los requisitos mínimos de 1,850 kilocalorías por habitante diario. Sin embargo, al menos el 10 por ciento de la población en cada estado mexicano sufre de un acceso inadecuado a los alimentos. En nueve estados, el 25–35 por ciento vive en hogares con inseguridad alimentaria. Más del 10 por ciento de las poblaciones de siete estados mexicanos entran en la categoría de inseguridad alimentaria grave.

El problema de la inaccesibilidad de los alimentos se ve magnificado por la desnutrición crónica infantil y la obesidad en niños, adolescentes y familias.

México es vulnerable a la sequía que puede paralizar aún más la agricultura.

Estados Unidos

El Departamento de Agricultura de los Estados Unidos define la inseguridad alimentaria como "disponibilidad limitada o incierta de alimentos nutricionalmente adecuados e inocuos o capacidad limitada o incierta para adquirir alimentos aceptables de manera socialmente aceptable". La seguridad alimentaria es definida por el USDA como "el acceso de todas las personas en todo momento a alimentos suficientes para una vida activa y saludable".

Las encuestas nacionales de seguridad alimentaria son la principal herramienta de encuesta utilizada por el USDA para medir la seguridad alimentaria en los Estados Unidos. Sobre la base de las respuestas de los encuestados a las preguntas de la encuesta, se puede ubicar a la familia en un continuo de seguridad alimentaria definido por el USDA. Este continuo tiene cuatro categorías: alta seguridad alimentaria, seguridad alimentaria marginal, baja seguridad alimentaria y muy baja seguridad alimentaria. El informe número 155 (ERS-155) del Servicio de Investigación Económica estima que el 14.5 por ciento (17.6 millones) de los hogares de los EE. UU. Tenían inseguridad alimentaria en algún momento en 2012. La prevalencia de la inseguridad alimentaria ha sido relativamente en los Estados Unidos desde la recesión económica de 2008.

En 2016:
12.3 por ciento (15.6 millones) de los hogares de los EE. UU. Se encontraban con inseguridad alimentaria en algún momento durante 2016.

El 7.4 por ciento (9.4 millones) de los hogares de los EE. UU. Tenía una baja seguridad alimentaria en 2016.

El 4.9 por ciento (6.1 millones) de los hogares estadounidenses tenía una seguridad alimentaria muy baja en algún momento durante 2016.

Tanto los niños como los adultos padecían inseguridad alimentaria en el 8,0% de los hogares con niños (3,1 millones de hogares).

República Democrática del Congo
La República Democrática del Congo es el segundo país más grande de África; El país está lidiando con la inseguridad alimentaria. Si bien tienen una gran cantidad de recursos naturales, la falta de acceso a los alimentos

esenciales dificulta la vida cotidiana de los congoleños. La desnutrición es alta entre los niños y afecta su capacidad, y los niños que viven en un área rural se ven más afectados que los niños que viven en un área urbana. En la República Democrática del Congo, alrededor del 33% de los hogares padecen inseguridad alimentaria; Es del 60% en provincias orientales. Un estudio mostró la correlación de la inseguridad alimentaria que afecta negativamente a los adultos con VIH en riesgo en la República Democrática del Congo.

En 2007-2008 los precios de los cereales aumentaron y la población de la República Democrática del Congo sufrió disturbios civiles, hubo disturbios y protestas. El hambre es frecuente en este país, pero a veces es al extremo que muchas familias no pueden comer todos los días. El comercio de carne de animales silvestres se utilizó para medir la tendencia de la seguridad alimentaria. La tendencia significa la cantidad de consumo en las zonas urbanas y rurales. Las áreas urbanas consumen principalmente carne de monte porque no pueden costear otros tipos de carne.

La Declaración de Roma instó a los miembros de las Naciones Unidas a trabajar para reducir a la mitad el número de personas con desnutrición crónica en la Tierra para el año 2015. El Plan de Acción estableció una serie de objetivos para el gobierno y las organizaciones no gubernamentales para lograr la seguridad alimentaria. A nivel individual, doméstico, nacional, regional y global.

Otra cumbre mundial sobre seguridad alimentaria tuvo lugar en la sede de la FAO en Roma entre el 16 y el 18 de noviembre de 2009. La decisión de convocar la cumbre la tomó el Consejo de la FAO en junio de 2009, a propuesta del Director General de la FAO, el Dr. Jacques Diouf. Los jefes de estado y de gobierno asistieron a esta cumbre.

Crecimiento del Suministro de Comida Per Capita en el Mundo (base calórica)

La OMS afirma que hay tres pilares que determinan la seguridad alimentaria: disponibilidad de alimentos, acceso a los alimentos y uso y mal uso de los alimentos. La FAO agrega un cuarto pilar: la estabilidad de las tres primeras dimensiones de la seguridad alimentaria a lo largo del tiempo. En 2009, la Cumbre Mundial sobre Seguridad Alimentaria declaró que "los cuatro pilares de la seguridad alimentaria son la disponibilidad, el acceso, la utilización y la estabilidad".

Disponibilidad

La disponibilidad de alimentos se relaciona con el suministro de alimentos a través de la producción, distribución e intercambio. La producción de alimentos está determinada por una variedad de factores que incluyen la propiedad y el uso de la tierra; manejo del suelo; selección, reproducción y manejo de cultivos; cría y manejo de ganado; y la cosecha. La producción de cultivos puede verse afectada por los cambios en las precipitaciones y las temperaturas. El uso de la tierra, el agua y la energía para cultivar alimentos a menudo compite con otros usos que pueden afectar la producción de alimentos. La tierra utilizada para la agricultura se puede usar para la urbanización o se pierde para la desertificación, la salinización y la erosión del suelo debido a prácticas agrícolas insostenibles. La producción de cultivos no es necesaria para que un país logre la seguridad alimentaria. Las naciones no necesitan tener los recursos naturales necesarios para producir cultivos para lograr la seguridad alimentaria, como se ve en los ejemplos de Japón y Singapur.

Debido a que los consumidores de alimentos superan a los productores en todos los países, los alimentos deben distribuirse a diferentes regiones o naciones. La distribución de alimentos implica el almacenamiento, procesamiento, transporte, envasado y comercialización de alimentos. La infraestructura de la cadena alimentaria y las tecnologías de almacenamiento en las granjas también pueden afectar la cantidad de alimentos desperdiciados en el proceso de distribución. Una infraestructura de transporte deficiente puede aumentar el precio del suministro de agua y fertilizantes, así como el precio de trasladar los alimentos a los mercados nacionales y mundiales. En todo el mundo, pocos individuos u hogares son continuamente autosuficientes para la alimentación. Esto crea la necesidad de un trueque, intercambio o economía de efectivo para adquirir alimentos. El intercambio de alimentos requiere sistemas comerciales eficientes e instituciones de mercado, que pueden afectar la seguridad alimentaria. El suministro mundial de alimentos Per cápita es más que adecuado para brindar seguridad alimentaria a todos, y por lo tanto, la accesibilidad de los alimentos es un obstáculo mayor para lograr la seguridad alimentaria.

Acceso

El acceso a los alimentos se refiere a la asequibilidad y la asignación de los alimentos, así como a las preferencias de las personas y los hogares. El Comité de Derechos Económicos, Sociales y Culturales de la ONU observó que las causas del hambre y la desnutrición no suelen ser una escasez de alimentos sino una incapacidad para acceder a los alimentos disponibles, generalmente debido a la pobreza. La pobreza puede limitar el acceso a los alimentos, y también puede aumentar la vulnerabilidad de una persona o de una familia a los picos de los precios de los alimentos. El acceso depende de si el hogar tiene ingresos suficientes para comprar alimentos a los precios vigentes o si tiene suficiente tierra y otros recursos para cultivar sus propios alimentos. Los hogares con recursos suficientes pueden superar las cosechas inestables y la escasez de alimentos locales y mantener su acceso a los alimentos.

Hay dos tipos distintos de acceso a los alimentos: el acceso directo, en el que un hogar produce alimentos utilizando recursos humanos y materiales, y el acceso económico, en el que un hogar compra alimentos producidos en otros lugares. La ubicación puede afectar el acceso a los alimentos y en qué tipo de acceso dependerá la familia. Los activos de un hogar, incluidos los ingresos, la tierra, los productos del trabajo, las herencias y los regalos pueden determinar el acceso de un hogar a los alimentos. Sin embargo, la capacidad de acceder a alimentos suficientes puede no llevar a la compra de alimentos a través de otros materiales y servicios. La demografía y los niveles educativos de los miembros del hogar, así como el sexo del jefe del hogar, determinan las preferencias del hogar, lo que influye en el tipo de alimentos que se compran. El acceso de un hogar a alimentos suficientes y nutritivos puede no asegurar una ingesta adecuada de alimentos de todos los miembros del hogar, ya que la asignación de alimentos dentro del hogar puede no cumplir suficientemente los requisitos de cada miembro del hogar. El USDA agrega que el acceso a los alimentos debe estar disponible en formas socialmente aceptables, sin, por ejemplo, recurrir a suministros de alimentos de emergencia, hurto, robo u otras estrategias de afrontamiento.

Utilización

El siguiente pilar de la seguridad alimentaria es la utilización de alimentos, que se refiere al metabolismo de los alimentos por parte de los individuos. Una vez que un hogar obtiene los alimentos, una variedad de factores afectan la cantidad y calidad de los alimentos que llegan a los miembros del hogar. Para lograr la seguridad alimentaria, los alimentos ingeridos deben ser seguros y deben ser suficientes para cumplir con los requisitos fisiológicos de cada individuo. La seguridad alimentaria afecta la utilización de los alimentos y puede verse afectada por la preparación, el procesamiento y la cocción de los alimentos en la comunidad y en el hogar. Los valores nutricionales del hogar determinan la elección de los alimentos, y si los alimentos cumplen con las preferencias culturales es importante para la utilización en términos de bienestar psicológico y social. El acceso a la atención médica es otro factor determinante de la utilización de los alimentos, ya que la salud de las personas controla cómo se metabolizan los alimentos. Por ejemplo, los parásitos intestinales pueden tomar nutrientes del cuerpo y disminuir la utilización de los alimentos. El saneamiento también puede disminuir la aparición y propagación de enfermedades que pueden afectar la utilización de los alimentos. La educación sobre nutrición y preparación de alimentos puede afectar la utilización de los alimentos y mejorar este pilar de la seguridad alimentaria.

Estabilidad

La estabilidad alimentaria se refiere a la capacidad de obtener alimentos a lo largo del tiempo. La inseguridad alimentaria puede ser transitoria, estacional o crónica. En la inseguridad alimentaria transitoria, los alimentos pueden no estar disponibles durante ciertos períodos de tiempo. A nivel de la producción de alimentos, los desastres naturales y la sequía provocan la pérdida de cultivos y la disminución de la disponibilidad de alimentos. Los conflictos civiles también pueden disminuir el acceso a los alimentos. La inestabilidad en los mercados que se traduce en alzas en los precios de los alimentos puede causar inseguridad alimentaria transitoria. Otros factores que pueden causar temporalmente la inseguridad alimentaria son la pérdida de empleo o la productividad, que puede ser causada por una enfermedad. La inseguridad alimentaria estacional puede resultar del patrón regular de las temporadas de crecimiento en la producción de alimentos.

La inseguridad alimentaria crónica (o permanente) se define como la falta persistente de alimentos adecuados a largo plazo. En este caso, los hogares corren un riesgo constante de no poder adquirir alimentos para satisfacer las necesidades de todos los miembros. La inseguridad alimentaria crónica y transitoria está vinculada, ya que la reincidencia de la seguridad alimentaria transitoria puede hacer que los hogares sean más vulnerables a la inseguridad alimentaria crónica.

Efectos de la Inseguridad Alimenticia

La hambruna y el hambre están arraigadas en la inseguridad alimentaria. La inseguridad alimentaria crónica se traduce en un alto grado de vulnerabilidad ante el hambre y el hambre; Asegurar la seguridad alimentaria presupone la eliminación de esa vulnerabilidad.

Atrofias y deficiencias nutricionales crónicas

Muchos países experimentan una continua escasez de alimentos y problemas de distribución. Esto resulta en hambre crónica ya menudo generalizada entre un número significativo de personas. Las poblaciones humanas pueden responder al hambre crónica y la desnutrición disminuyendo el tamaño corporal, conocido en términos médicos como retraso en el crecimiento o retraso en el crecimiento. Este proceso comienza en el útero si la madre está desnutrida y continúa durante aproximadamente el tercer año de vida. Conduce a una mayor mortalidad infantil y de bebés, pero a tasas mucho más bajas que durante las hambrunas. Una vez que se produce el retraso en el crecimiento, la mejora de la ingesta nutricional después de unos dos años no puede revertir el daño. El retraso en el crecimiento en sí puede verse como un mecanismo de afrontamiento, que alinea el tamaño del cuerpo con las calorías disponibles durante la edad adulta en el lugar donde nace el niño. La limitación del tamaño corporal como una forma de adaptarse a bajos niveles de energía (calorías) afecta negativamente a la salud de tres maneras:

- Fallo prematuro de los órganos vitales durante la edad adulta. Por ejemplo, un individuo de 50 años puede morir de insuficiencia cardíaca porque su corazón sufrió defectos estructurales durante el desarrollo temprano;
- Los individuos atrofiados sufren una tasa más alta de enfermedad y enfermedad que aquellos que no han sufrido retraso en el crecimiento;
- La malnutrición grave en la primera infancia a menudo conduce a defectos en el desarrollo cognitivo. Por lo tanto, crea disparidad entre los niños que no sufrieron desnutrición grave y los que la padecen.

Retos para alcanzar la Seguridad Alimenticia

La Crisis Global del Agua

Los déficits hídricos, que ya están estimulando las importaciones de granos pesados en numerosos países más pequeños, pronto pueden hacer lo mismo en países más grandes, como China o India. Los niveles freáticos están cayendo en muchos países (incluido el norte de China, los EE. UU. Y la India) debido al exceso de bombeo generalizado mediante el uso de potentes bombas diesel y eléctricas. Otros países afectados incluyen Pakistán, Afganistán e Irán. Esto conducirá eventualmente a la escasez de agua y recortes en la cosecha de granos. Incluso con el exceso de bombeo de sus acuíferos, China está desarrollando un déficit de granos. Cuando esto suceda, es casi seguro que los precios de los cereales subirán. La mayoría de los 3 mil millones de personas que se prevé que nacerán en todo el mundo a mediados de siglo nacerán en países que ya experimentan escasez de agua. Después de China e India, hay un segundo nivel de países más pequeños con grandes déficits de agua: Afganistán, Argelia, Egipto, Irán, México y Pakistán. Cuatro de ellos ya importan una gran parte de su grano. Solo Pakistán sigue siendo autosuficiente. Pero con una población que se expande en 4 millones al año, es probable que pronto se dirija al mercado mundial de granos.

A nivel regional, el África subsahariana tiene el mayor número de países con estrés hídrico de cualquier lugar del mundo, ya que aproximadamente 800 millones de personas que viven en África, 300 millones viven en un entorno con estrés hídrico. Se estima que para 2030, de 75 a 250 millones de personas en África vivirán en áreas de gran estrés hídrico, que probablemente desplazará a cualquier lugar entre 24 millones y 700 millones de personas a medida que las condiciones sean cada vez más imposibles de vivir. Debido a que la mayoría de África sigue dependiendo de un estilo de vida agrícola y del 80 al 90 por ciento de todas las familias en las zonas rurales de África dependen de la producción de sus propios alimentos, la escasez de agua se traduce en una pérdida de seguridad alimentaria.

Las inversiones multimillonarias iniciadas en la década de 1990 por el Banco Mundial recuperaron el desierto y convirtieron el Valle de Ica en Perú, uno de los lugares más secos del mundo, en el mayor proveedor de espárragos del mundo. Sin embargo, el riego constante ha provocado una rápida caída en el nivel freático, en algunos lugares hasta ocho metros por año, una de las tasas más rápidas de agotamiento de acuíferos en el mundo. Los pozos de los pequeños agricultores y la población local están comenzando a secarse y el suministro de agua para la ciudad principal en el valle está amenazado. Como cultivo comercial, los espárragos han brindado empleos a la población local, pero la mayor parte del dinero se destina a los compradores, principalmente a los británicos. Un informe de 2010 concluyó que la industria no es sostenible y acusa a los inversionistas, incluido el Banco Mundial, de no asumir la responsabilidad adecuada por el efecto de sus decisiones sobre los recursos hídricos de los países más pobres. El desvío de agua de las cabeceras del río Ica a los campos de espárragos también ha provocado una escasez de agua en la región montañosa de Huancavelica, donde las comunidades indígenas se convierten en una manada de vida marginal.

Degradación de la tierra
La agricultura intensiva a menudo conduce a un círculo vicioso de agotamiento de la fertilidad del suelo y la disminución de los rendimientos agrícolas. Aproximadamente el 40 por ciento de las tierras agrícolas del mundo están gravemente degradadas. En África, si continúan las tendencias actuales de degradación del suelo, el continente podría alimentar solo al 25 por ciento de su población para 2025, según el Instituto para los Recursos Naturales de África de la UNU, con sede en Ghana.

Cambio Climático
Se pronostica que los eventos extremos, como las sequías y las inundaciones, aumentarán a medida que el cambio climático y el calentamiento global se afiancen. Desde

inundaciones durante la noche hasta empeoramiento gradual de las sequías, estas tendrán una serie de efectos en el sector agrícola. De acuerdo con el informe Climate and Development Knowledge Network (Gestión de conocimientos sobre el desarrollo y el clima), Manejo de los extremos del clima y los desastres en los sectores agrícolas: lecciones del Informe IPCC SREX, los efectos incluirán cambios en la productividad y los patrones de vida, pérdidas económicas y efectos en la infraestructura, los mercados y la seguridad alimentaria. La seguridad alimentaria en el futuro estará vinculada a nuestra capacidad para adaptar los sistemas agrícolas a eventos extremos. Un ejemplo de un patrón de clima cambiante sería un aumento de las temperaturas. A medida que las temperaturas aumentan debido al cambio climático, existe el riesgo de que disminuya el suministro de alimentos debido al daño por calor.

Aproximadamente 2.4 billones de personas viven en la cuenca de drenaje de los ríos del Himalaya. India, China, Pakistán, Afganistán, Bangladesh, Nepal y Myanmar podrían sufrir inundaciones seguidas de graves sequías en las próximas décadas. Solo en la India, el Ganges proporciona agua para beber y cultivar a más de 500 millones de personas. La costa oeste de América del Norte, que obtiene gran parte de su agua de los glaciares en cordilleras como las Montañas Rocosas y Sierra Nevada, también se vería afectada. Los glaciares no son la única preocupación que tienen las naciones en desarrollo; se informa que el nivel del mar aumenta a medida que avanza el cambio climático, reduciendo la cantidad de tierra disponible para la agricultura.

En otras partes del mundo, un gran efecto será el bajo rendimiento del grano según el Modelo de Comercio Mundial de Alimentos, específicamente en las regiones de baja latitud donde se ubica gran parte del mundo en desarrollo. A partir de esto, el precio del grano aumentará, junto con las naciones en desarrollo que intentan cultivar el grano. Debido a esto, cada aumento de precios de 2 a 2.5% aumentará el número de personas hambrientas en un 1%. Los bajos rendimientos de los cultivos son solo uno de los problemas que enfrentan los agricultores en las latitudes bajas y las regiones tropicales. El momento y la duración de las temporadas de crecimiento, cuando los agricultores planten sus cultivos, cambiarán drásticamente, según el USDA, debido a cambios desconocidos en la temperatura del suelo y las condiciones de humedad.

"Los resultados muestran que es probable que el cambio climático reduzca la producción agrícola, reduciendo así la disponibilidad de alimentos" (Brown et al., 2008). "La amenaza a la seguridad alimentaria planteada por el cambio climático es mayor en África, donde los rendimientos agrícolas y la producción de alimentos Per cápita han sido "disminuyendo constantemente, y donde el crecimiento de la población duplicará la demanda de alimentos, agua y forraje para el ganado en los próximos 30 años" (Devereux et al., 2004). En 2060, la población hambrienta podría variar de 641 a 2087 millones con el clima cambio (Chen et al., 1994). Para el año 2030, los cultivos de cereales disminuirán de 15 a 19 por ciento; se estima que las temperaturas aumentarán de 1 grado centígrado a 2. 75 grados centígrados, lo que dará lugar a menos precipitaciones, lo que provocará un aumento de la inseguridad alimentaria en 2030 (Devereux et al, 2004). En la predicción, los países agrícolas serán los más afectados, los países cálidos y los países de sequía alcanzarán temperaturas aún más altas y los países más ricos serán los menos afectados, ya que tienen más acceso a más recursos (Devereux et al. 2004). Desde la perspectiva de la seguridad alimentaria, el cambio climático es la razón dominante para el aumento en los últimos años y en los años previstos.

Enfermedades agrarias

Las enfermedades que afectan el ganado o los cultivos pueden tener efectos devastadores en la disponibilidad de alimentos, especialmente si no existen planes de contingencia. Por ejemplo, Ug99, un linaje de la roya del trigo que puede causar hasta el 100% de pérdidas en los cultivos, está presente en los campos de trigo en varios países de África y Oriente Medio y se prevé que se extienda rápidamente a través de estas regiones y posiblemente más lejos, potencialmente causando un desastre en la producción de trigo que afectaría la seguridad alimentaria a nivel mundial.

La diversidad genética del cultivo de parientes silvestres del trigo se puede utilizar para mejorar las variedades modernas y ser más resistentes a la roya. En sus centros de origen, las plantas de trigo silvestre se analizan para detectar la resistencia a la roya, luego se estudia su información genética y, finalmente, las plantas silvestres y las variedades modernas se cruzan a través de un moderno cultivo de plantas para transferir los genes de resistencia de las plantas silvestres a los modernos variedades

Alimentos versus combustible

Las tierras de cultivo y otros recursos agrícolas se han utilizado durante mucho tiempo para producir cultivos no alimentarios, incluidos materiales industriales como el algodón, el lino y el caucho; cultivos de drogas como el tabaco y el opio, y biocombustibles como la leña, etc. En el siglo XXI, la producción de cultivos combustibles ha aumentado, lo que se suma a esta desviación. Sin embargo, las tecnologías también se desarrollan para producir comercialmente alimentos a partir de energía, como el gas natural y la energía eléctrica, con una pequeña huella de agua y tierra.

Política
El economista ganador del Premio Nobel Amartya Sen observó que "no existe un problema alimentario apolítico". Si bien la sequía y otros eventos que ocurren naturalmente pueden desencadenar condiciones de hambruna, es la acción o la inacción del gobierno lo que determina su gravedad y, a menudo, incluso si ocurrirá o no una hambruna. El siglo XX tiene ejemplos de gobiernos, como en la colectivización en la Unión Soviética o el Gran salto adelante en la República Popular de China, que socava la seguridad alimentaria de sus propias naciones. La hambruna masiva es frecuentemente un arma de guerra, como en el bloqueo de Alemania, la Batalla del Atlántico y el bloqueo de Japón durante la Primera Guerra Mundial y la

Segunda Guerra Mundial y en el Plan del Hambre promulgado por la Alemania nazi.

Los gobiernos a veces tienen una base estrecha de apoyo, construida sobre el compañerismo y el patrocinio. Fred Cuny señaló en 1999 que bajo estas condiciones: "La distribución de alimentos dentro de un país es un tema político. Los gobiernos en la mayoría de los países dan prioridad a las áreas urbanas, ya que es donde suelen ubicarse las familias y empresas más influyentes y poderosas. El gobierno a menudo descuida a los agricultores de subsistencia y las áreas rurales en general. Mientras más remota y subdesarrollada sea el área, menos probable será que el gobierno satisfaga sus necesidades. Muchas políticas agrarias, especialmente la fijación de precios de los productos agrícolas, discriminan a las áreas rurales. "mantener los precios de los granos básicos en niveles tan artificialmente bajos que los productores de subsistencia no pueden acumular suficiente capital para hacer inversiones para mejorar su producción. Por lo tanto, se les impide efectivamente salir de su situación precaria".

Los dictadores y caudillos han usado los alimentos como un arma política, recompensando a los partidarios y negando el suministro de alimentos a las áreas que se oponen a su gobierno. Bajo tales condiciones, los alimentos se convierten en una moneda con la que comprar apoyo y el hambre se convierte en un arma efectiva contra la oposición.

Los gobiernos con fuertes tendencias hacia la cleptocracia pueden socavar la seguridad alimentaria incluso cuando las cosechas son buenas. Cuando el gobierno monopoliza el comercio, los agricultores pueden descubrir que son libres de cultivar cultivos comerciales para la exportación, pero que están sujetos a la ley y solo pueden vender sus cultivos a compradores gubernamentales a precios muy por debajo del precio del mercado mundial. El gobierno entonces es libre de vender su cosecha en el mercado mundial a precio completo, embolsándose la diferencia.

Cuando el estado de derecho está ausente, o la propiedad privada no existe, los agricultores tienen pocos incentivos para mejorar su productividad. Si una granja se vuelve notablemente más productiva que las granjas vecinas, puede convertirse en el objetivo de individuos bien conectados con el gobierno. En lugar de arriesgarse a ser notado y posiblemente perder su tierra, los agricultores pueden contentarse con la seguridad percibida de la mediocridad.

Como lo señaló William Bernstein en The Birth of Plenty: "Las personas sin propiedad son susceptibles de morir de hambre, y es mucho más fácil someter a los temerosos y hambrientos a la voluntad del estado. Si la propiedad de un [agricultor] puede ser amenazada arbitrariamente por el estado, ese poder será inevitablemente empleado para intimidar a aquellos con opiniones políticas y religiosas divergentes".

Soberanía alimentaria
El enfoque conocido como soberanía alimentaria ve las prácticas comerciales de las corporaciones multinacionales como una forma de neocolonialismo. Sostiene que las corporaciones multinacionales tienen los recursos financieros disponibles para comprar los recursos agrícolas de las naciones empobrecidas, particularmente en los trópicos. También tienen la influencia política para convertir estos recursos a la producción exclusiva de cultivos comerciales para la venta a naciones industrializadas fuera de los trópicos, y en el proceso de exprimir a los pobres de las tierras más productivas. Bajo este punto de vista, los agricultores de subsistencia deben cultivar solo tierras que son tan marginales en términos de productividad como para no ser de interés para las corporaciones multinacionales. Del mismo modo, la soberanía alimentaria sostiene que es cierto que las comunidades deberían poder definir sus propios medios de

producción y que los alimentos son un derecho humano básico. Con varias corporaciones multinacionales que ahora promueven tecnologías agrícolas en países en desarrollo, tecnologías que incluyen semillas mejoradas, fertilizantes químicos y pesticidas, la producción de cultivos se ha convertido en un tema cada vez más analizado y debatido. Muchas comunidades que piden la soberanía alimentaria están protestando por la imposición de tecnologías occidentales a sus sistemas y agencias indígenas.

Los niños y la seguridad alimentaria

El 29 de abril de 2008, un informe de UNICEF en el Reino Unido encontró que los niños más pobres y vulnerables del mundo son los más afectados por el cambio climático. El informe, "Nuestro clima, nuestros niños, nuestra responsabilidad: Las implicaciones del cambio climático para los niños del mundo", dice que el acceso al agua potable y los suministros de alimentos será más difícil, especialmente en África y Asia.

En los Estados Unidos

A modo de comparación, en uno de los países productores de alimentos más grandes del mundo, los Estados Unidos, aproximadamente una de cada seis personas tiene "inseguridad alimentaria", incluidos 17 millones de niños, según el Departamento de Agricultura de los Estados Unidos. Un estudio de 2012 en el Journal of Applied Research on Children encontró que las tasas de seguridad alimentaria variaban significativamente según la raza, la clase y la educación. Tanto en el jardín de infantes como en el tercer grado, el 8% de los niños se clasificaron como inseguros alimentarios, pero solo el 5% de los niños blancos tenían inseguridad alimentaria, mientras que el 12% y el 15% de los niños negros e hispanos tenían inseguridad alimentaria, respectivamente. En tercer grado, el 13% de los negros y el 11% de los niños hispanos tienen inseguridad alimentaria en comparación con el 5% de los niños blancos.

También hay sorprendentes variaciones regionales en la seguridad alimentaria. Aunque la inseguridad alimentaria puede ser difícil de medir, el 45% de los estudiantes de primaria y secundaria en Maine califican para el almuerzo escolar gratuito a precio reducido; Según algunas medidas, Maine ha sido declarado como el país con mayor inseguridad alimentaria de los estados de Nueva Inglaterra. Los desafíos del transporte y la distancia son barreras comunes para las familias en áreas rurales que buscan asistencia alimentaria. El estigma social es otra consideración importante, y para los niños, administrar programas en la escuela con sensibilidad puede marcar la diferencia entre el éxito y el fracaso. Por ejemplo, cuando John Woods, cofundador de Full Plates, Full Potential, se enteró de que los estudiantes avergonzados se estaban alejando de los desayunos gratuitos que se distribuían en una escuela en la que estaba trabajando, hizo los arreglos para proporcionar desayuno gratuito a todos los estudiantes allí.

De acuerdo con un informe de la Oficina de Presupuesto del Congreso de 2015 sobre los programas de nutrición infantil, es más probable que los niños con inseguridad alimentaria participen en los programas de nutrición escolar que los niños de familias con seguridad alimentaria. Los programas de nutrición escolar, como el Programa Nacional de Almuerzos Escolares (NSLP) y el Programa de Desayunos Escolares (SBP) han brindado a millones de niños acceso a almuerzos y desayunos más saludables, desde sus inicios a mediados del siglo XX. Según los Centros para el Control y la Prevención de Enfermedades, NSLP ha servido a más de 300 millones, mientras que SBP ha prestado servicios a unos 10 millones de estudiantes cada día. Sin embargo, demasiados estudiantes que reúnen los requisitos aún no reciben estos beneficios simplemente por no presentar la documentación necesaria. Varios estudios han informado que los programas de nutrición escolar desempeñan un papel importante para garantizar que los estudiantes accedan a comidas saludables. Los estudiantes que comieron almuerzos escolares proporcionados por NLSP mostraron una mayor calidad de dieta que si tuvieran sus propios almuerzos. Más aún, el USDA mejoró los estándares para las comidas escolares, lo que finalmente lleva a impactos positivos en la selección de alimentos y los hábitos alimentarios de los niños.

Innumerables asociaciones han surgido en la búsqueda de la seguridad alimentaria. Existe una serie de programas federales de nutrición para proporcionar alimentos específicamente para niños, incluyendo el Programa de Servicio de Alimentos de Verano, el Programa Especial de Leche (SMP) y el Programa de Alimentos para el Cuidado de Niños y Adultos (CACFP), y las organizaciones comunitarias y estatales a menudo están en red con estos programas. El Programa de Alimentos de Verano en Bangor, Maine, es administrado por la Autoridad de Vivienda de Bangor y patrocinado por el Banco de Alimentos Good Shepherd. A su vez, el Thomas College de Waterville Maine, por ejemplo, es una de las organizaciones que organizan colectas de alimentos para recolectar donaciones para el Buen Pastor. Los niños cuyas familias califican para el Programa de Asistencia de Nutrición Suplementaria (SNAP) o Mujeres, Bebés y Niños (WIC) también pueden recibir asistencia alimentaria. WIC solo atendió a aproximadamente 7,6 millones de participantes, 75% de los cuales son niños y bebés.

A pesar de las poblaciones considerables atendidas por estos programas, los conservadores han apuntado regularmente a estos programas para su desembolso. Los argumentos de los conservadores contra los programas de nutrición escolar incluyen el temor de desperdiciar alimentos y el fraude de las solicitudes. El 23 de enero de 2017, H.R.610 fue presentado a la Cámara por el Representante Republicano Steve King. El proyecto de ley busca derogar una regla establecida por el Servicio de Alimentos y Nutrición del Departamento de Agricultura, que obliga a las escuelas a proporcionar alimentos más nutritivos y diversos a través del plato de comida. Dos meses después, la administración de Trump publicó un presupuesto preliminar para 2018 que proponía un recorte de $ 2 mil millones de WIC.

La inseguridad alimentaria en los niños puede llevar a problemas de desarrollo y consecuencias a largo plazo, como un desarrollo físico, intelectual y emocional debilitado.

La inseguridad alimentaria también se relaciona con la obesidad para las personas que viven en vecindarios donde los alimentos nutritivos no están disponibles o son inasequibles.

Género y seguridad alimentaria
La desigualdad de género conduce y es el resultado de la inseguridad alimentaria. Según las estimaciones, las mujeres y las niñas representan el 60% del hambre crónica en el mundo y se ha avanzado poco en garantizar la igualdad de derechos para las mujeres consagradas en la Convención sobre la eliminación de todas las formas de discriminación contra la mujer. Las mujeres enfrentan discriminación tanto en la educación como en las oportunidades de empleo y dentro del hogar, donde su poder de negociación es menor. El empleo de las mujeres es esencial no solo para promover la igualdad de género dentro de la fuerza laboral, sino también para garantizar un futuro sostenible, ya que significa menos presión para las altas tasas de natalidad y la migración neta. Por otro lado, la igualdad de género se describe como un instrumento para acabar con la desnutrición y el hambre. Las mujeres tienden a ser responsables de la preparación de alimentos y el cuidado de los niños dentro de la familia y es más probable que gasten sus ingresos en alimentos y en las necesidades

de sus hijos. Las mujeres también desempeñan un papel importante en la producción, procesamiento, distribución y comercialización de alimentos. A menudo trabajan como trabajadores familiares no remunerados, participan en la agricultura de subsistencia y representan aproximadamente el 43% de la fuerza laboral agrícola en los países en desarrollo, variando desde el 20% en América Latina hasta el 50% en Asia oriental y sudoriental y el África subsahariana. Sin embargo, las mujeres enfrentan discriminación en el acceso a la tierra, el crédito, las tecnologías, las finanzas y otros servicios. Los estudios empíricos sugieren que si las mujeres tuvieran el mismo acceso a los recursos productivos que los hombres, las mujeres podrían aumentar sus rendimientos en un 20-30%; Aumentar la producción agrícola general en los países en desarrollo en un 2,5 a 4%. Si bien esas son estimaciones aproximadas, no se puede negar el beneficio significativo de cerrar la brecha de género en la productividad agrícola. Los aspectos de género de la seguridad alimentaria son visibles a lo largo de los cuatro pilares de la seguridad alimentaria: disponibilidad, acceso, utilización y estabilidad, según lo define la Organización para la Agricultura y la Alimentación.

La cantidad de personas afectadas por el hambre es extremadamente alta, con enormes efectos en mujeres y niñas. Hacer que esta tendencia desaparezca "debe ser una prioridad para los gobiernos y las instituciones internacionales". Las medidas adoptadas por los gobiernos deben tener en cuenta que la inseguridad alimentaria es un problema relacionado con la "igualdad, los derechos y la justicia social". "La inseguridad alimentaria y nutricional es un fenómeno político y económico alimentado por procesos mundiales y nacionales injustos". Factores como el capitalismo, la exploración de tierras indígenas contribuyen a la inseguridad alimentaria de las minorías y de las personas más oprimidas en varios países (las mujeres son uno de estos grupos oprimidos). Para enfatizar, "la inseguridad alimentaria y nutricional es un problema de justicia de género". El hecho de que las mujeres y las niñas son las más oprimidas por "los procesos económicos mundiales injustos que gobiernan los sistemas alimentarios y por las tendencias globales como el cambio climático", muestra cómo las instituciones siguen colocando a las mujeres en posiciones de desventaja y empobrecimiento para ganar dinero y prosperar con capitalizando el sistema alimentario. Cuando el gobierno retiene los alimentos elevando sus precios a cantidades que solo las personas privilegiadas pueden pagar, ambos se benefician y son capaces de controlar a las personas de "clase baja" / marginadas a través del mercado de alimentos. Un hecho interesante es que "a pesar del rápido crecimiento económico en India, miles de mujeres y niñas aún carecen de seguridad alimentaria y nutricional como resultado directo de su estado más bajo en comparación con los hombres y los niños". "Tales desigualdades se ven agravadas por el acceso a menudo limitado de las mujeres y las niñas a los recursos productivos, la educación y la toma de decisiones, por la carga" normalizada "del trabajo no remunerado, incluido el trabajo de cuidado, y por los problemas endémicos de la violencia de género (VBG). , VIH y SIDA ".[xii]

Falta de vivienda

La falta de vivienda es un problema social complejo con una variedad de factores económicos y sociales subyacentes, como la pobreza, la falta de viviendas asequibles, la salud física y mental incierta, las adicciones y el desglose de la comunidad y la familia. Estos factores, en diversas combinaciones, contribuyen a la duración, la frecuencia y el tipo de personas sin hogar. Estar completamente sin hogar es vivir sin refugio; sin embargo, muchos experimentan una falta de hogar parcial que puede incluir refugio incierto, temporal o subestándar. La falta de vivienda es difícil de definir, por lo tanto, los gobiernos luchan contra la incertidumbre cuando crean e implementan políticas que esperan que manejen o erradiquen este problema de manera efectiva.

Los niveles de gobierno, en países como Canadá, aumentan la complejidad de lidiar con la falta de vivienda. Ser gobernado en tres niveles diferentes, federal, provincial y municipal, requiere altos niveles de acuerdo para crear y administrar políticas de manera efectiva. En Canadá, cada nivel de gobierno es responsable de las diferentes facetas de las personas sin hogar. El gobierno federal, responsable de todo Canadá, crea y administra políticas y fondos para los pueblos aborígenes (un segmento de la población de Canadá sobre representada en el número de personas sin hogar), personas mayores y viviendas sociales, así como también transfiere fondos a las provincias para ayudar. Pagar por sus programas sociales. El gobierno provincial, responsable de las necesidades de las provincias y territorios, crea y administra políticas con respecto a enfermedades mentales, adicciones, bienestar, leyes de salario mínimo, actos de propietarios e inquilinos, y servicios de protección infantil y comparte la responsabilidad con el gobierno federal para personas mayores y viviendas sociales. . Los gobiernos municipales son vistos como manos o brazos del gobierno provincial y técnicamente no son responsables de la falta de vivienda; sin embargo, a menudo participan en la elección de sitios para viviendas sociales, apoyan refugios de emergencia y salas de emergencia de hospitales, así como brindan apoyo, de diversas maneras, para facilitar estas iniciativas. El hecho de que no exista una estrategia nacional integral de vivienda para coordinar estos niveles de gobierno a menudo conduce a políticas y fondos inadecuados que no llegan a satisfacer las necesidades de vivienda del país. Esta falta de coordinación hacia la política y el financiamiento para las personas sin hogar ha llamado la atención de los tribunales en Canadá que han comenzado a tomar decisiones que apoyan el refugio como un derecho esencial para los canadienses. El Relator Especial de la ONU sobre vivienda adecuada en Canadá también ha instado al gobierno federal a que comprometa fondos suficientes para crear una estrategia nacional de vivienda trabajando con las provincias y territorios.[xiii]

En un artículo publicado por Melanie Onn en The Guardian el 13 de septiembre de 2017, titulado: "La falta de vivienda no es inevitable. Es una elección política hecha por el gobierno del Reino Unido ", descubrió que:" Cada vez más personas están comenzando a notar niveles crecientes de personas sin hogar, ya que ven durmientes en las calles de pueblos y ciudades de todo el país. La realidad es que estos signos visibles de falta de vivienda son solo la punta del iceberg. El nuevo informe de la Oficina Nacional de Auditoría (NAO) independiente encuentra que ahora hay aproximadamente 4,100 personas durmiendo a la intemperie cada año, con 120,000 niños que viven en alojamientos temporales.

La magnitud del problema ahora se extiende a sectores de la sociedad que van mucho más allá de lo que la gente podría imaginar. En una visita reciente a un centro de crisis, escuché sobre una mujer que completó su declaración de impuestos en una computadora portátil de su saco de dormir fuera de la estación de tren.

Quizás la conclusión más preocupante del informe de la NAO es que el gobierno no parece estar interesado en resolver este problema creciente. Increíblemente, el departamento responsable de prevenir la falta de vivienda aún no ha elaborado un plan para prevenir la falta de vivienda.

La reforma del bienestar, incluida la congelación de los beneficios de vivienda, es uno de los principales impulsores de la falta de vivienda, pero el gobierno no se ha molestado en medir su efecto. Me temo que los ministros saben cuáles serán las respuestas y, por lo tanto, no quiero hacer las preguntas.[xiv]

En los Estados Unidos, la falta de vivienda representa tanto un problema de política como un dilema político en los Estados Unidos. En la economía más rica del mundo, el hecho de que las personas y las familias carezcan de vivienda y deban vivir en las calles, en sus automóviles o en refugios colectivos cuestiona el funcionamiento básico de la red de seguridad social y sugiere que algo está muy mal. Las prioridades políticas y económicas del país. Sin embargo, el discurso dominante en los Estados Unidos propone que al menos algún porcentaje de las personas sin hogar tienen la culpa de sus situaciones; su comportamiento disfuncional, sus elecciones aberrantes y la falta de una ética de trabajo explican su falta de vivienda más que las desigualdades económicas o las prioridades políticas. En este marco de puntos de vista contrastantes sobre la falta de vivienda, los debates hacen furor sobre la importancia del problema de las personas sin hogar, las razones por las que las personas pierden su vivienda, la mejor manera de ayudarlas y quiénes deben ser clasificados como personas sin hogar. Estas preguntas a menudo están vinculadas entre sí; por qué ocurre la falta de vivienda y qué variables demográficas se destacan en la descripción de las poblaciones sin hogar se relacionan directamente con la forma en que se estructura la política para ayudar a las personas a ser alojadas.

Una cuestión política relativamente invisible que afectó a una pequeña porción de la población hasta principios de los años 80, la falta de vivienda se volvió cada vez más problemática a lo largo de los últimos años del siglo XX y principios del siglo XXI en los Estados Unidos. Aunque la economía creció y se hundió durante estas décadas, al igual que el porcentaje de personas que viven en la pobreza, la falta de vivienda parece ser un problema relativamente difícil. El número de personas sin hogar en general no ha disminuido, incluso durante períodos de crecimiento económico. Aún más preocupante, la población sin hogar contiene un número considerable de niños y jóvenes, ambos acompañados por padres y no acompañados por adultos. La mayoría de las estimaciones indican que las familias con hijos comprenden del 30% al 36% de la población sin hogar (Bassuk et al. 2014; Weinreb, Rog y Henderson 2010). Y el número de niños sin hogar está aumentando. Aproximadamente 1.6 millones de niños en edad escolar se quedaron sin hogar durante el año escolar

2011-2012: "Estas cifras representan un aumento del 10% con respecto al año escolar anterior, una cifra histórica" (Bassuk et al. 2014, 457; National Center on Family Homelessness 2011). Como lo sugiere el análisis de los enfoques de políticas a continuación, las opciones políticas y políticas pueden explicar, al menos en parte, el creciente número de niños sin hogar.

La investigación indica que las razones de la falta de vivienda son complicadas y de múltiples capas. En primer lugar, la falta de vivienda es producto de la pobreza:

Una variedad de dislocaciones complejas del sistema social —una tasa de pobreza creciente, una "red de seguridad" social en deterioro, la pérdida constante de empleos de baja calificación y viviendas de bajos ingresos, y otros — han creado una situación... donde algunas personas están esencialmente destinadas quedarse sin hogar. En muchas palabras, ahora tenemos más personas pobres y marginadas que viviendas asequibles para acomodarlas. (Wright et al. 1998, 6). Si bien la tasa oficial de pobreza de los Estados Unidos ha rondado el 15% desde 2010, las estimaciones sugieren que "un tercio de todas las personas eran casi pobres y pobres" en los Estados Unidos (Islandia 2013, 44). Además, aproximadamente el 6.6% de los hogares tienen ingresos por debajo del 50% de la línea de pobreza

(Islandia 2013, 44), o aproximadamente $ 12,000 anuales para una familia de cuatro, lo que sugiere que la profundidad de la pobreza representa una barrera tremenda para la estabilidad de la vivienda para un Gran parte de la población. Como Edin y Shaefer descubrieron en su investigación sobre familias empobrecidas en los Estados Unidos, aproximadamente 1,5 millones de hogares vivían con ingresos en efectivo de un máximo de $ 2 por día por persona en 2011, un cálculo que incluye pagos de asistencia social en efectivo pero no incluye asistencia en especie Como programas de comida (Edin y Shaefer 2015). ***Cuando la pobreza es tan profunda, las personas luchan claramente para cubrir sus necesidades básicas como vivienda, alimentos, ropa y servicios públicos, y corren un riesgo considerable de quedar indigente.*** [xv]

Joel John Roberts, publicado en línea: una reciente encuesta canadiense solicitó a sus candidatos políticos locales que compartan su posición sobre vivienda, refugio y falta de vivienda. Sólo un tercio de ellos respondió.

¿Nos sorprende la falta de respuesta?

Aquí en Estados Unidos, la falta de vivienda ha explotado en las últimas décadas. Sí, en los últimos años, la falta de hogar crónica (las personas que más han luchado en nuestras calles por más tiempo) se está reduciendo a través de un enfoque innovador que alberga a las personas sin hogar de inmediato.

Pero el hecho triste en Estados Unidos es que en cualquier noche, casi tres cuartos de millón de personas están sin hogar. Y algunos creen que unos pocos millones de personas experimentan la falta de vivienda durante todo el año.

A pesar de esta reciente recesión en la economía, Estados Unidos todavía posee una enorme riqueza. La riqueza privada estadounidense, el valor de los activos que tenemos, asciende a $ 48.8 billones. En términos simples, tenemos la capacidad como país para acabar con la falta de vivienda.

Pero no lo hacemos. ¿Por qué? Los líderes de nuestro país, especialmente los políticos, simplemente no tienen la voluntad política de invertir para poner fin a este enigma social.

Aquí hay 5 razones primordiales por las cuales la falta de vivienda en América es la oveja negra de la política:

¿Puedes decir "banco"? Este es el término rapero para cantidades increíbles de dinero. Resolver la falta de vivienda es costoso. Todos sabemos que la principal solución para las personas sin hogar es la vivienda, una solución costosa incluso en esta recesión inmobiliaria. Estamos hablando de miles de millones de dólares que los líderes políticos no están dispuestos a gastar, incluso cuando los expertos muestran que es más barato alojar a una persona sin hogar que permitirles vivir en las calles usando nuestras salas de emergencia, paramédicos y agentes de la ley.

El bloque político silencioso no tiene influencia. La mayoría de las personas sin hogar no votan. Imagínese si un político pudiera reunir un bloque de tres millones de votantes. Pero estos votantes no tienen poder. Todos sabemos que los dólares políticos van a los más influyentes. Una vez le dije al alcalde de un popular balneario que si se produjera un incendio y se incendiaran cientos de casas, él y su Concejo Municipal harían todo lo posible, y gastarían cualquier cosa, para alojar a sus ciudadanos, ahora sin hogar y con movilidad ascendente. Pero no existe tal voluntad política para albergar a los cientos de personas sin hogar que acuden a su atracción turística. El aceptó.

No hay soluciones instantáneas. Incluso si los líderes políticos estuvieran dispuestos a invertir miles de millones de dólares, la construcción de cientos de miles, si no millones de viviendas, no se logrará en uno o dos términos políticos. La próxima generación de líderes obtendrá el crédito. Los líderes políticos deben mostrar soluciones dentro de su mandato.

Resolver la falta de vivienda es un mal sonido. En esta época de comerciales de CNN, MTV y Apple, quienquiera que pueda comercializar el mejor sonido de 30 segundos, atrae más dinero y atención. Las razones y soluciones a las personas sin hogar son complicadas. Es como describir por qué su hijo descarriado no está viviendo en esa perfecta familia estadounidense detrás de esa casa cerca de piquetes blancos.

¿Cómo describe y explica las soluciones a la violencia doméstica, el síndrome de estrés postraumático, el abuso de sustancias y / o la enfermedad de salud mental en solo unos segundos? Es mucho más fácil promover una campaña antidrogas con "Simplemente diga no". O una campaña educativa con "Ningún niño se quede atrás".

Señalar con el dedo es menos costoso. Nadie quiere echar la culpa de los males sociales. Significa muerte política. Culpar a la persona sin hogar es mucho más conveniente. Las personas sin hogar son perezosas, locas, y están eligiendo vivir en las calles, dicen. ¿Quién quiere invertir dinero y capital político en ellos?

No es de extrañar por qué permitimos que cientos de miles de nuestros conciudadanos languidezcan en nuestras calles, ya que esta es una nación de dos bits del Tercer Mundo. Es mucho más fácil simplemente ignorarlos.[xvi]

5

Salud, Familia, Estabilidad Social

Las raíces de los sistemas de salud actuales se remontan a los gremios de la Edad Media, ya que en ese entonces los miembros del gremio compartían fondos para apoyar a las personas mayores y enfermas, y también a las organizaciones de caridad constituidas junto a las iglesias. Pero el primer sistema moderno de atención médica fue creado en el siglo XX en Alemania por el canciller Bismarck, con el propósito de brindar servicios de atención médica a trabajadores industriales, a través de un plan de seguro médico. En el siglo XX en Inglaterra, por iniciativa de David Lloyd George, se implementó un sistema de seguro obligatorio para los mineros. En los Estados Unidos, Henry Kaiser desarrolló el primer plan de seguro social de salud, que tiene hoy unos pocos millones de personas aseguradas. Después de la Segunda Guerra Mundial, el Sistema Nacional de Salud (SNS) aparece en Gran Bretaña, organizado por Lord Beveridge y en la URSS, aparece el sistema soviético Semashko, un sistema centralizado de propiedad estatal, basado en principios socialistas.

¿Las ideologías políticas ejercen una influencia sobre la forma en que se organizan y funcionan los sistemas de salud? Algunos autores lo llaman el "factor ideológico", que expresa la concepción dominante sobre el papel y la importancia de los diferentes actores en la estructura social y económica de un estado.

Estos enfoques se pueden clasificar en tres tendencias principales: conservador, liberal y radical.

- **El enfoque conservador** se basa en el principio de "igualdad ante la ley" e implica la participación del gobierno solo con el propósito de hacer cumplir la ley. La planificación es rechazada; El mercado es libre y actúa sobre la demanda y la oferta.

- **El enfoque liberal** se basa en el principio de "igualdad de oportunidades" que no se puede dejar en manos del libre mercado. Se acepta la intervención del estado, con el propósito de lograr mejoras en el estado de salud de la población. En términos prácticos, este principio inspira a aquellos estados que adoptaron un sistema nacional de salud, o bien un sistema con agencias de seguro de salud controladas por el estado.

- **El enfoque radical** se basa en el principio de "igualdad de resultados". La intervención estatal está permitida, no importa cuán masiva sea. La planificación centralizada y la obtención de todos los recursos por parte del estado son algunas de las características de este enfoque.

Con respecto a la organización del sistema de atención médica, se han impuesto dos modelos diferentes a nivel internacional, y representan la fuente de inspiración para la mayoría de los países europeos.

El primero de los dos sistemas fue adoptado por Gran Bretaña y Suecia, conocido como el **"Sistema Beveridge"** después de su fundador, y es un sistema al que todos pueden acceder y que se financia a través de tarifas e impuestos. El monto total de las asignaciones no depende del salario anterior y la asistencia médica está garantizada para todos sin una contribución previa.

La gestión del sistema es llevada a cabo por una administración profesional, bajo el control del Parlamento. El modelo británico inspiró más o menos países como Italia, España, Grecia y Portugal.

El segundo tipo de sistema que se ha impuesto en Alemania, pero también en los países del Benelux, es el

"**Sistema Bismarck**", que lleva el nombre del canciller alemán que creó este modelo. Las contribuciones, establecidas de acuerdo con el trabajo, son administradas por fondos de seguros independientes elegidos por el contribuyente. El sistema no es administrado por el estado; no depende del Parlamento, sino de ser gobernado por los sindicalistas que negocian con los médicos. La atención médica se acuerda sobre una base contractual, firmada entre las profesiones médicas y los Fondos de seguro de salud, este último representa el interés de los contribuyentes.

En 2006, un grupo de investigadores estadounidenses liderado por el prof. V. Navaro, ha publicado un análisis a través del cual buscaron la conexión entre políticas y políticas, y luego, su conexión con los sistemas de salud en Europa y América del Norte, entre 1950-2000. La conclusión fue que los países gobernados por partidos políticos de opiniones igualitarias tienen la tendencia a implementar políticas redistributivas. Las cuatro tradiciones políticas se definieron como: socialdemócrata, cristiano-democrático (conservador), liberal, conservador-autoritario (dictaduras).

Por lo tanto, los países gobernados por partidos socialdemócratas durante la mayor parte del período estudiado, como Suecia (45 años), Noruega (39 años), Dinamarca (35 años), Finlandia (32 años) y Austria (31 años) implementaron políticas favorables. a la redistribución, la cobertura de salud universal y los beneficios sociales para todos los ciudadanos, servicios orientados a la familia, como cuidado en el hogar o cuidado de niños, con un gasto social de casi el 30% del PIB y un presupuesto público de salud del 7,2% del PIB. Asimismo, se introdujeron políticas de apoyo para la salud y el bienestar de las mujeres, como los beneficios de compensación por desempleo para madres solteras.

Los países gobernados por partidos democristianos, como Italia y Holanda (41 años cada uno), Alemania Occidental (37 años), Bélgica (35 años), Francia (29 años), apoyaban políticas menos redistributivas. Si bien estos países también promovieron políticas de salud con cobertura universal, no implementaron políticas de apoyo familiar como el cuidado del hogar o el cuidado de los niños. El gasto público fue notablemente más bajo, con un gasto social promedio de 28% del PIB y 6,4% del PIB para gastos de salud pública.

Países principalmente gobernados por partidos liberales o conservadores: Gran Bretaña (36 años), Irlanda (35 años), Canadá (31 años), Estados Unidos (28 años), no promovieron los servicios sociales universales, excepto la atención médica universal, que se promovió en todos los países mencionados, excepto Estados Unidos, con un gasto público del 24% del PIB para servicios sociales y del 5,8% del PIB para salud.

Países liderados por dictaduras, como España (25 años), Portugal (24 años) o regímenes autorizados: Grecia (9 años), tenían un estado de bienestar subdesarrollado, con transferencias públicas débiles y servicios públicos deficientes. El gasto público promedio fue del 14% del PIB, con el 4,8% del PIB para la salud.

Con respecto a la conexión directa entre políticas e indicadores de salud, "se ha observado que las políticas redistributivas parecen explicar la reducción de la tasa de mortalidad infantil y, en menor grado, el aumento de la esperanza de vida". Debemos tener en cuenta que una conexión entre políticas, políticas y sistemas de salud solo puede tomarse en consideración si el análisis se refiere a un período largo y acumulativo de gobernanza de los partidos políticos. Otra conclusión fue que la conexión entre las ideologías y la implementación de políticas públicas es compleja, mucho más, como se ha observado durante los últimos 30 años, que muchos de los países gobernados por partidos socialdemócratas se inclinan por implementar políticas neoliberales.[xvii]

BAMBRA Clare, FOX Debbie, SCOTT-SAMUEL Alex, en su publicación en línea: "**Hacia una política de salud**", determinan que:

Es hora de que se reconozca más ampliamente la política implícita y, a veces, explícita, pero no declarada, dentro y alrededor de la salud. La salud, como casi todos los demás aspectos de la vida humana, es política de muchas maneras:

- La salud es política porque, como cualquier otro recurso o producto bajo un sistema económico neoliberal, algunos grupos sociales tienen más que otros.
- La salud es política porque sus determinantes sociales son susceptibles a las intervenciones políticas y, por lo tanto, dependen de la acción política (o más generalmente, de la inacción)
- La salud es política porque el derecho a "un nivel de vida adecuado para la salud y el bienestar" (Naciones Unidas, 1948) es, o debería ser, un aspecto de la ciudadanía y un derecho humano.

En última instancia, la salud es política porque el poder se ejerce sobre ella como parte de un sistema económico, social y político más amplio. Cambiar este sistema requiere conciencia política y lucha política.

Desigualdades en Salud

La evidencia de que los determinantes más poderosos de la salud en las poblaciones modernas son sociales, económicos y culturales (Doyal y Pennell, 1979; Townsend y Davidson, 1992; Whitehead, 1992; Blane et al., 1996; Acheson, 1998) proviene de una amplia gama de fuentes y también es, hasta cierto punto, reconocido por los gobiernos y agencias internacionales (Townsend y Davidson, 1992; Acheson, 1998; Departamento de Salud, 1998; Unidad de Exclusión Social, 1998). Sin embargo, las desigualdades en salud continúan, dentro de los países (sobre la base de la clase socioeconómica, el género o la etnia) y entre ellos (en términos de riqueza y recursos) (Davey Smith et al., 2002; Donkn et al., 2002).

La forma en que la sociedad aborda estas desigualdades en materia de salud es altamente política: ¿deben aceptarse las desigualdades en materia de salud como resultados "naturales" e inevitables de las diferencias individuales, tanto en lo que respecta a la genética como a la mano silenciosa del mercado económico, o son detestaciones sociales y económicas? ¿Es necesario que sea abordado por un estado moderno y una sociedad humana (Adams et al., 2002)? Apoyar estos diferentes enfoques de las desigualdades en salud no solo son puntos de vista divergentes de lo que es posible científica o económicamente, sino también opiniones políticas e ideológicas diferentes sobre lo que es deseable.

Determinantes en Salud

Las causas y las predisposiciones genéticas a la mala salud se están entendiendo cada vez más. Sin embargo, es evidente que en la mayoría de los casos, los desencadenantes ambientales son iguales o más importantes y que los principales determinantes de la salud o la mala salud están inextricablemente vinculados al contexto social y económico (Acheson, 1998; Marmot y Wilkinson, 2001). Factores como la vivienda, los ingresos y el empleo, de hecho muchos de los problemas que dominan la vida política, son determinantes clave de nuestra salud y bienestar. De manera similar, muchos de los principales determinantes de las desigualdades en la salud se encuentran fuera del sector de la salud y, por lo tanto, requieren políticas que no sean del sector de la salud para abordarlas (Townsend y Davidson, 1992; Acheson, 1998; Whitehead et al., 2000). Los recientes reconocimientos de la importancia de los determinantes sociales de la salud son bienvenidos pero no abordan seriamente los determinantes políticos subyacentes de la salud y la inequidad en salud.

Ciudadanía

La ciudadanía es "un estado otorgado a aquellos que son miembros de una comunidad. Todos los que poseen el estado son iguales con respecto a los derechos y deberes con los que se otorga el estado "(Marshall, 1963). Existen tres tipos de derechos de ciudadanía: civil, política y social. La salud, o el "derecho a un nivel de vida adecuado para la salud y el bienestar" (Naciones Unidas, 1948; Foro Internacional para la Defensa de la Salud de las Personas, 2002), es un importante derecho de la ciudadanía social. Estos derechos de ciudadanía solo se obtuvieron como resultado de una extensa lucha política y social durante la industrialización occidental y el desarrollo del capitalismo (Marshall, 1963). Sin embargo, a pesar de su desarrollo paralelo, la relación entre capitalismo y ciudadanía no es fácil o "natural" (Marshall, 1963). La salud es un buen ejemplo de esta tensa relación, ya que, bajo un sistema económico capitalista, la salud es, como todo lo demás, mercantilizada. La mercantilización es "el proceso por el cual todo se vuelve identificable y se valora de acuerdo con su relativa conveniencia dentro del mercado económico (de producción y consumo)" (de Viggiani, 1997). La salud se volvió ampliamente mercantilizada durante la revolución industrial a medida que los trabajadores dependían totalmente del mercado para su supervivencia (Esping-Andersen, 1990). En el siglo XX, la introducción de la ciudadanía social, que conllevaba un derecho a la salud y al bienestar social, provocó un "aflojamiento" del estado de salud puro de los productos básicos. El estado del bienestar descuidó la salud porque ciertos servicios de salud y cierto nivel de vida se convirtieron en un derecho de ciudadanía.

En resumen, el capitalismo y la ciudadanía representan valores muy diferentes: el primero, la desigualdad y el segundo, la igualdad. Esta tensión significa que la implementación del derecho a la salud, a pesar de su posición en la ciudadanía social y en la Declaración Universal de los Derechos Humanos de la ONU, requerirá, en un futuro previsible, una lucha política continua.[xviii]

6

Educación

Sarah Alice, escribe: Un sistema educativo nacional a menudo se define desde el punto de vista del sistema educativo formal. Esto incluye la educación formal en educación infantil temprana, educación primaria, educación secundaria, educación superior y educación universitaria. Los subconjuntos de la educación informal y no formal a menudo se consideran parte de la educación formal y, si no se ignoran por completo, reciben poca atención. Sin embargo, es importante que el sistema educativo nacional integre completamente todos los subgrupos del sistema educativo, es decir, educación formal, informal y no formal.

Nuestras percepciones del desarrollo infantil y los estilos de aprendizaje cambian a medida que los nuevos estudios y hallazgos presentan evidencia para confirmar o modificar una teoría u otra. Las prácticas con respecto a la educación en los Estados Unidos han cambiado de una generación a otra. La evolución es natural y continúa a medida que la investigación y los estudios empíricos continúan.

¿En qué medida la política educativa nacional hace una diferencia en el aula y cuánto impulsa la política educativa nacional en los Estados Unidos, donde las escuelas, los planes de estudio y la enseñanza han sido controlados a nivel local y estatal? ¿Desde los albores de las escuelas públicas?

La filosofía política que controla el gobierno de un país a menudo tiene su impacto inevitable en la educación. El factor político determina el tipo de administración que tendrá el sistema educativo. Detrás de las características del sistema educativo y de cómo funciona. Por ejemplo, las ideas fundamentales del socialismo como filosofía política se referían a la explotación del trabajo por parte del capital y esto dio origen a la masa de la clase. Como filosofía política, el socialismo reconoce la propiedad como la base de la estructura económica del estado que resulta en la concentración del poder civil y legal en manos de la clase propietaria. El socialismo aboga por la nacionalización de los medios de producción; donde los dueños de los medios de producción no trabajan y los trabajadores que producen no poseen nada. Un cambio de tal orden social solo puede lograrse con la reforma educativa. Esto sería a través de un mecanismo estatal con control total de la educación y el plan de estudios, y esto significa que los ciudadanos deben ser capacitados por el estado, para el estado y en las instituciones estatales. En tales casos, los detalles del plan de estudios a menudo son decididos por las autoridades estatales e involucran la capacitación funcional de los ciudadanos. El plan de estudios también puede incluir la formación científica para fines de uso social.

Buenos ejemplos de países que han introducido un sistema de educación socialista son México, Bulgaria y Cuba. Las características comunes de su sistema educativo incluyen el monopolio del control estatal sobre la educación, el secularismo, el entrenamiento físico y militar, el adoctrinamiento político dentro y fuera de la escuela y también un mayor énfasis en temas de ciencia. En estos estados, la libertad de las personas y la idea de tolerancia no son aceptadas. A diferencia de estos países, Francia tiene un sistema educativo centralizado basado en su filosofía política. En Francia, todo lo relacionado con la educación se controla desde el centro (metrópolis), que es el gobierno central. En el caso de EE. En los Estados Unidos y Japón, sus sistemas educativos están altamente descentralizados y, a menudo, se basan en la influencia democrática y la filosofía política capitalista de estos países.

También existe una estrecha relación entre el carácter nacional y el sistema educativo nacional. Por ejemplo, el carácter nacional de los Estados Unidos es democrático, por lo que su sistema educativo es democrático en la mayoría de los aspectos. El nacionalismo también como ideología política influye en el sistema educativo de un país. El nacionalismo podría definirse como un sentimiento psicológico dentro de un grupo que cree tener una visión y tradiciones comunes basadas en el mito del antepasado común. Estos ancestros comunes incluyen raza, idioma, religión y territorio, y con frecuencia fortalecen la conciencia de la nacionalidad. El aspecto racial que a menudo se encuentra dentro de la ideología política de un país puede jugar un papel importante en la determinación de las características del sistema educativo. La raza se refiere a una tribu, una nación o un grupo de naciones. La población moderna incluye personas de diferentes orígenes raciales. La política colonial británica se basó en el principio de descentralización y la construcción de una comunidad de naciones, cada una de las cuales debería ser libre de desarrollar su propia cultura y carácter nacional. Por lo tanto, existe una relación estrecha entre el carácter nacional y el sistema educativo nacional y el primero ha sido aceptado universalmente como una base importante del sistema educativo nacional. Por lo tanto, el sistema de políticas de un país está estrechamente relacionado con su programa educativo.[xix]

Como la Educación y el Entrenamiento afectan la Economía

Brent Radcliffe en su artículo publicado en Investopedia afirma lo siguiente: La globalización y el comercio internacional requieren que los países y sus economías compitan entre sí. Los países económicamente exitosos tendrán ventajas competitivas y comparativas sobre otras economías, aunque un solo país rara vez se especializa en una industria en particular. Esto significa que la economía del país incluirá varias industrias con diferentes ventajas y desventajas en el mercado global. La educación y capacitación de los trabajadores de un país es un factor importante para determinar qué tan bien funcionará la economía del país.

Una economía exitosa tiene una fuerza laboral capaz de operar industrias a un nivel donde posee una ventaja competitiva sobre las economías de otros países. Para lograr esto, las naciones pueden intentar incentivar la capacitación a través de exenciones fiscales y amortizaciones, proporcionando instalaciones para capacitar a los trabajadores, o una variedad de otros medios diseñados para crear una fuerza laboral más calificada. Si bien es poco probable que una economía tenga una ventaja competitiva en todas las industrias, puede centrarse en una serie de industrias en las que profesionales capacitados están mejor capacitados.

Las diferencias en los niveles de capacitación han sido citadas como un factor significativo que separa a los países desarrollados y en desarrollo. Aunque ciertamente hay otros factores en juego, como la geografía y los recursos disponibles, contar con trabajadores mejor capacitados genera efectos secundarios y externalidades. Por ejemplo, empresas similares pueden agruparse en la misma región geográfica debido a la disponibilidad de trabajadores calificados (por ejemplo, Silicon Valley).

Los empleadores quieren trabajadores que sean productivos y que requieran menos gestión. Los empleadores deben considerar muchos factores al decidir si pagar o no la capacitación de los empleados.

- ¿El programa de capacitación aumentará la productividad de los trabajadores?

- ¿El aumento de la productividad justificará el costo de pagar todo o parte del programa de capacitación?
- Si el empleador paga la capacitación, ¿dejará el empleado a la empresa por un competidor una vez que se complete el programa de capacitación?
- ¿Podrá el trabajador recién capacitado obtener un salario más alto? ¿Verá el trabajador un aumento en su poder de negociación?

Si bien los empleadores deben tener cuidado con los trabajadores recién capacitados que se van, muchos empleadores requieren que los trabajadores continúen con la empresa durante un cierto tiempo a cambio de que la empresa pague por la capacitación.

Las empresas también pueden enfrentarse a empleados que no están dispuestos a aceptar capacitación. Esto puede suceder en industrias dominadas por sindicatos, ya que una mayor seguridad en el empleo podría dificultar la contratación de profesionales capacitados o despedir empleados menos capacitados. Sin embargo, los sindicatos también pueden negociar con los empleadores para garantizar que sus miembros estén mejor capacitados y, por lo tanto, sean más productivos, lo que reduce la probabilidad de que los empleos se desplacen al extranjero.

Los trabajadores aumentan su potencial de ingresos al desarrollar y refinar sus capacidades. Cuanto más saben sobre la función de un trabajo en particular, o cuanto más entienden una industria en particular, más valiosos se vuelven para un empleador. Los empleados quieren aprender técnicas avanzadas o nuevas habilidades para competir por un salario más alto. Por lo general, los trabajadores pueden esperar que sus salarios aumenten en un porcentaje menor que el aumento de la productividad de los empleadores. El trabajador debe tener en cuenta una serie de factores al decidir ingresar a un programa de capacitación:

¿Cuánta productividad extra podrá él o ella esperar que pueda ganar?

- ¿Cuál es el costo del programa de capacitación? ¿Verá el trabajador un aumento salarial que justifique el costo del programa?
- ¿Cómo es el mercado laboral para un profesional mejor capacitado? ¿Está el mercado significativamente saturado de mano de obra capacitada?

Algunos empleadores pagan la totalidad o una parte de los gastos de un programa, pero no siempre es así. De hecho, el trabajador puede perder su salario si el programa le impide trabajar.

Muchos países han puesto mayor énfasis en el desarrollo de un sistema educativo que pueda producir trabajadores capaces de funcionar en nuevas industrias, como las relacionadas con la tecnología y la ciencia. Esto se debe en parte a que las industrias más antiguas de las economías desarrolladas se estaban volviendo menos competitivas y, por lo tanto, tenían menos probabilidades de seguir dominando el panorama industrial. Además, surgió un movimiento para mejorar la educación básica de la población, con una creencia creciente de que todas las personas tenían derecho a una educación.

Cuando los economistas hablan de "educación", el enfoque no está estrictamente en los trabajadores que obtienen títulos universitarios. La educación a menudo se divide en niveles específicos:

- Primaria - escuela primaria en los Estados Unidos.
- Secundaria - secundaria, preparatoria y preparatoria
- Post-secundaria - universidad, colegio comunitario, escuelas vocacionales

La economía de un país se vuelve más productiva a medida que aumenta la proporción de trabajadores educados, ya que los trabajadores educados pueden realizar más eficientemente las tareas que requieren alfabetización y pensamiento crítico. Sin embargo, obtener un mayor nivel de educación también conlleva un costo. Un país no tiene que proporcionar una extensa red de colegios o universidades para beneficiarse de la educación; Puede proporcionar programas básicos de alfabetización y aún ver mejoras económicas.

Los países con una mayor proporción de su población que asiste y se gradúa de las escuelas ven un crecimiento económico más rápido que los países con trabajadores menos educados. Como resultado, muchos países proporcionan fondos para la educación primaria y secundaria para mejorar el desempeño económico. En este sentido, la educación es una inversión en capital humano, similar a una inversión en mejores equipos. Según la UNESCO y el Programa de las Naciones Unidas para el Desarrollo Humano, la proporción entre el número de niños en edad de asistir a la escuela secundaria oficial matriculada en la escuela y el número de niños en edad de recibir educación secundaria oficial en la población (referido como la tasa de inscripción) es más alta en las naciones desarrolladas que en las naciones en desarrollo. Esto difiere del gasto en educación como porcentaje del PIB, que no siempre se correlaciona fuertemente con la educación de la población de un país. Por lo tanto, un país que gasta una alta proporción de su PIB en educación no necesariamente hace que la población del país sea más educada.[xx]

Barreras a la Educación alrededor del mundo

Un trabajo de Phineas Rueckert, publicado el 23 de enero de 2018, da una luz sobre las barreras a la educación en todo el mundo:

Falta de Fondos para educación

Si bien la Alianza Mundial para la Educación está ayudando a muchos países en desarrollo a aumentar su propio financiamiento nacional para la educación, el apoyo de los donantes globales a la educación está disminuyendo a un ritmo alarmante. La cantidad total de ayuda que se asigna a la educación ha disminuido en cada uno de los últimos seis años, y la ayuda a la educación es un 4% más baja que en 2009. Esto está creando una crisis de financiamiento global que está teniendo graves consecuencias en la capacidad de los países para obtener niños en la escuela y el aprendizaje. El dinero no lo es todo, pero es una base clave para un sistema educativo exitoso.

La Alianza Global apunta a recaudar $ 3,1 mil millones en nuevas inversiones de los países donantes al fondo GPE, así como aumentos en otras ayudas a la educación, y también está pidiendo a los países en desarrollo socios que prometan aumentos en su propio financiamiento nacional.

Falta de Maestros o Maestros no Adiestrados
¿Cuál es la cosa número uno que cualquier niño necesita para poder aprender? Un profesor, por supuesto.
Estamos enfrentando múltiples desafíos cuando se trata de maestros. No solo no hay suficientes maestros a nivel mundial para lograr la educación primaria universal (y mucho menos la secundaria), sino que muchos de los maestros que trabajan actualmente tampoco tienen capacitación, lo que lleva a los niños a no aprender lo básico, como las habilidades de matemáticas y lenguaje. A nivel mundial, las Naciones Unidas estiman que para 2030 se requieren 69 millones de maestros nuevos para alcanzar la educación primaria y secundaria universales. Mientras tanto, en uno de cada tres países, menos de tres cuartos de los maestros están capacitados según los estándares nacionales.
Solo en 2016, la Alianza Global para la Educación ayudó a capacitar a 238,000 maestros en todo el mundo. Con una reposición exitosa, GPE puede hacer que el reclutamiento

de maestros y la capacitación sean una prioridad global para brindar una educación de calidad para todos.

Falta de Aulas
Esto parece bastante obvio: si no tienes un salón de clases, realmente no tienes muchas posibilidades de obtener una educación decente. Pero, de nuevo, eso es una realidad para millones de niños en todo el mundo. Los niños en muchos países en el África subsahariana a menudo se ven atrapados en aulas abarrotadas, aulas que se están desmoronando o que están aprendiendo afuera.

En Malawi, por ejemplo, hay 130 niños por aula en el grado 1 en promedio. El problema no es solo la falta de salones de clase, sino también todas las instalaciones básicas que uno esperaría que tuviera una escuela, como agua corriente y baños.

En Chad, solo una de cada siete escuelas tiene agua potable, y solo una de cada cuatro tiene un inodoro; además, solo un tercio de los retretes que existen son solo para niñas, un verdadero incentivo y una barrera para que las niñas asistan a la escuela.

Desde 2011, los fondos de la Alianza Global para la Educación han ayudado a construir o rehabilitar 53,000 aulas. Con $ 3.1 mil millones adicionales, GPE podría ayudar a construir 23,800 salones adicionales, mientras que capacita a más de 1,7 millones de maestros, entre otras cosas.

Déficit de Materiales Educativos

Los libros de texto obsoletos y desgastados a menudo son compartidos por seis o más estudiantes en muchas partes del mundo. En Tanzania, por ejemplo, solo el 3.5% de todos los alumnos de sexto grado tenían el uso exclusivo de un libro de texto de lectura. En Camerún, hay 11 estudiantes de escuela primaria por cada libro de texto de lectura y 13 por cada libro de texto de matemáticas en el grado 2. Los libros de ejercicios, hojas de ejercicios, lectores y otros materiales básicos para ayudar a los estudiantes a aprender sus lecciones son escasos. Los maestros también necesitan materiales para ayudar a preparar sus lecciones, compartir con sus alumnos y guiar sus lecciones.

Por ejemplo, la financiación de la GPE ayudó a entregar 146 millones de libros de texto a todos los estudiantes de primaria y secundaria en Etiopía, lo que aumentó el acceso a servicios de calidad en un estimado de 40,000 escuelas.

La exclusión de los niños con discapacidad.

A pesar de que la educación es un derecho humano universal, a los 93 millones de niños con discapacidades del mundo se les niega el acceso a la escuela. En algunos de los países más pobres del mundo, hasta el 95% de los niños con discapacidades no asisten a la escuela. Una combinación de discriminación, falta de capacitación en métodos de enseñanza inclusiva entre los maestros y una falta directa de escuelas accesibles para discapacitados deja a este grupo especialmente vulnerable a que se le niegue su derecho a la educación.

Los niños con discapacidades son una de las prioridades de la Alianza Mundial para la Educación. Con una reposición exitosa, la GPE podrá trabajar con sus más de 60 socios de países en desarrollo para promover la educación inclusiva.

El GPE ya tiene un historial probado en esta capacidad. Por ejemplo, en la Escuela Primaria Daerit en Asmara, Eritrea, a los niños se les enseña que "Todos los niños pueden aprender". Y con fondos de GPE, la escuela es pionera en la educación inclusiva en el país.

Ser el género "incorrecto"

En pocas palabras, el género es una de las razones más importantes por las que a los niños se les niega la educación. A pesar de los avances recientes en la educación de las niñas, una generación de mujeres jóvenes se ha quedado atrás. Más de 130 millones de mujeres jóvenes en todo el mundo no están actualmente matriculadas en la escuela. Al menos una de cada cinco adolescentes en todo el mundo se niega a recibir educación por las realidades diarias de pobreza, conflicto y discriminación.

La pobreza obliga a muchas familias a elegir a cuál de sus hijos enviar a la escuela. Las niñas a menudo se pierden porque creen que hay menos valor en educar a una niña que a un niño. En su lugar, se envían al trabajo o se hacen para quedarse en casa para cuidar a los hermanos y trabajar en las tareas domésticas. Las niñas también pierden días de clases todos los años o están demasiado avergonzadas de participar en clase, porque no cuentan con educación higiénica menstrual adecuada o instalaciones sanitarias en su escuela para administrar su período en privado y con dignidad.

Asegurar que las niñas puedan acceder y completar una educación de calidad es una de las principales prioridades de la Alianza Mundial por la Educación. Desde su inicio, GPE ha ayudado a 38 millones de niñas adicionales a ir a la escuela. Sesenta y cuatro por ciento de los países en desarrollo que GPE apoya y con los que trabaja tuvieron éxito en lograr que un número igual de niñas y niños completaran la escuela primaria en 2015. Los fondos de la GPE también han dado como resultado mejores instalaciones sanitarias, como bloques de inodoros y retretes separados por género en todo el mundo. Con una reposición exitosa, GPE podría obtener 9.4 millones de niñas adicionales en la escuela para 2020.

Vivir en un país en conflicto o en riesgo de conflicto
Hay muchas víctimas de cualquier guerra, y los sistemas educativos a menudo son destruidos. Si bien esto puede parecer obvio, el impacto del conflicto no puede ser exagerado. En 2017, alrededor de 50 millones de niños vivían en países afectados por conflictos, de los cuales 27 millones no asistían a la escuela, según UNICEF. El conflicto impide que los gobiernos funcionen, los maestros y los estudiantes a menudo huyen de sus hogares, y la continuidad del aprendizaje se ve muy interrumpida. En total, a 75 millones de niños se les ha interrumpido su educación por conflictos o crisis, incluidos los desastres naturales que destruyen las escuelas y el medio ambiente que los rodea. Lo preocupante es que hasta ahora la educación ha sido una prioridad muy baja en la ayuda humanitaria a los países en conflicto, y menos del 3% de la asistencia humanitaria mundial se asignó a la educación en 2016.

Desde su creación, la Asociación Mundial para la Educación ha comprometido casi la mitad de todas sus subvenciones ($ 2,300 millones) a los estados frágiles y afectados por conflictos. Casi la mitad de todos los países financiados por GPE se clasifican como "frágiles" o "afectados por conflictos". La Alianza Global también está estudiando cómo mejorar aún más sus operaciones para acelerar el apoyo a los países en situaciones de emergencia o de recuperación temprana.

Distancia del hogar a la escuela
Para muchos niños en todo el mundo, un paseo a la escuela de hasta tres horas en cada dirección no es infrecuente. Esto es demasiado para muchos niños, especialmente aquellos con discapacidades, aquellos que sufren de desnutrición o enfermedad, o aquellos que deben trabajar en el hogar. Imagine tener que ir a la escuela, con hambre, a las 5 a.m. todos los días, para no regresar hasta las 7 pm. Muchos niños, especialmente las niñas, también son vulnerables a la violencia en sus largos y peligrosos viajes hacia y desde la escuela.

Al invertir en nuevas escuelas, más escuelas, la Alianza Global para la Educación está ayudando a reducir las distancias que deben recorrer los niños para llegar a la escuela y obtener una educación digna. Con promesas de apoyo de los donantes, la GPE puede ayudar a garantizar que ningún niño tenga que soportar viajes tan largos solo para cumplir con su derecho básico a la educación.

Hambre y mala nutrición.
El impacto del hambre en los sistemas educativos es gravemente insuficiente. Estar gravemente desnutrido, hasta el punto de que impacta en el desarrollo del cerebro, puede ser lo mismo que perder cuatro grados de escolaridad. Alrededor de 171 millones de niños en los países en desarrollo se atrofian con el hambre cuando llegan a la edad de 5 años. El retraso en el crecimiento puede afectar las capacidades cognitivas de un niño, así como su enfoque y concentración en la escuela. Como resultado, los niños atrofiados tienen un 19% menos de probabilidades de leer a los ocho años. Por el contrario, una buena nutrición puede ser una preparación crucial para un buen aprendizaje.

La Alianza Mundial para la Educación busca abordar las prioridades nacionales según lo decidan los propios gobiernos de los países en desarrollo. Donde la desnutrición es una preocupación importante, la GPE está interviniendo para abordar el problema.

Por ejemplo, en la República Democrática Popular Lao, un innovador Programa de Comidas Escolares financiado por GPE aborda los déficits nutricionales de los estudiantes y promueve la autosuficiencia, la propiedad de la comunidad y la sostenibilidad a través de la producción local integrada de alimentos y la participación activa de los miembros de la comunidad. Como resultado, la República Democrática Popular Lao ha visto un aumento en la matrícula escolar (especialmente para las niñas), un mejor estado nutricional, una reducción de los gastos del hogar y una mayor relación entre estudiantes, maestros, padres y la comunidad.

El gasto de la educación.
La Declaración Universal de los Derechos Humanos deja claro que todos los niños tienen derecho a una educación básica gratuita, por lo que la pobreza y la falta de dinero no deben ser un obstáculo para la escolarización. En muchos países en desarrollo, en las últimas décadas, los gobiernos han anunciado la supresión de las tasas escolares y, como resultado, han visto impresionantes aumentos en el número de niños que asisten a la escuela.

Pero para muchas de las familias más pobres, la escuela sigue siendo demasiado cara y los niños se ven obligados a quedarse en casa haciendo tareas o trabajando por su cuenta. Las familias permanecen encerradas en un ciclo de pobreza que se prolonga durante generaciones. En muchos países de África, mientras que la educación es teóricamente gratuita, en la práctica las "tarifas informales" hacen que los padres se vean obligados a pagar por "artículos obligatorios" como uniformes, libros, bolígrafos, lecciones adicionales, tarifas de exámenes o fondos para apoyar los edificios escolares. En otros lugares, la falta de escuelas públicas (gubernamentales) que funcionen significa que los padres no tienen más remedio que enviar a sus hijos a escuelas privadas que, incluso si son "de bajo costo", son inaccesibles para las familias más pobres que corren el riesgo de convertirse en indigentes. sus esfuerzos para lograr que sus hijos vivan mejor a través de la educación.[xxi]

PARTE III – PERMANECER EN EL PODER PARA SIEMPRE

7

¡Mantenlos en su Escalón Primitivo!

"Fundamentalmente, la pobreza es una negación de opciones y oportunidades, una violación de la dignidad humana. Significa falta de capacidad básica para participar efectivamente en la sociedad. Significa no tener suficiente para alimentar y vestir a una familia, no tener una escuela o clínica a la que asistir, no tener la tierra en la que cultivar la comida o un trabajo para ganarse la vida, no tener acceso al crédito. Significa inseguridad, impotencia y exclusión de individuos, hogares y comunidades. Significa susceptibilidad a la violencia y, a menudo, implica vivir en entornos marginales o frágiles, sin acceso a agua potable o saneamiento "(Declaración de la ONU, junio de 1998, firmada por los jefes de todas las agencias de la ONU)

Un estudio, por el Dr. David Gordon[xxii], propone indicadores para medir la pobreza, basados en la privación de las necesidades humanas, que pueden conceptualizarse como un continuo que va desde la ausencia de privación hasta la privación leve, moderada y grave a la privación extrema.

Para medir la pobreza absoluta entre los niños, es necesario definir las medidas de umbral de privación grave de la necesidad humana básica de:

1. Alimento
2. Agua potable segura.
3. Instalaciones sanitarias.
4. Salud
5. Refugio
6. Educación
7. Información
8. Acceso a servicios.

Definiciones operativas propuestas de privación de necesidades humanas básicas para los jóvenes

1) Privación de alimentos: índice de masa corporal de 18.5 o menos (bajo peso).

2) Privación de agua: acceso solo a fuentes no mejoradas, como pozos abiertos, manantiales abiertos o aguas superficiales o que deben caminar durante más de 15 minutos hasta su fuente de agua (30 minutos de ida y vuelta).

3) Privación de instalaciones sanitarias: acceso solo a instalaciones sanitarias no mejoradas, por ejemplo: letrinas de descarga; letrinas de pozo cubierto; letrinas a cielo abierto; y cubos o ningún acceso a un baño de ningún tipo.

4) Privación de salud: mujeres que no recibieron tratamiento por una enfermedad grave reciente o que no recibieron el estándar mínimo de atención prenatal de una persona capacitada en partería o que no saben que una persona sana puede transmitir el VIH / SIDA o quién sí. No saber que usar un condón durante las relaciones sexuales puede prevenir la transmisión del VIH / SIDA. Los hombres que no recibieron tratamiento para una enfermedad grave reciente o que no saben que una persona sana puede transmitir el VIH / SIDA o que usar un condón durante las relaciones sexuales pueden prevenir la transmisión del VIH / SIDA.

5) Privación de refugios: viven en viviendas con 3 o más personas por habitación (hacinamiento) o en una casa sin pisos (por ejemplo, un piso de barro) o techos inadecuados (por ejemplo, materiales naturales para techos)

6) Privación educativa: jóvenes que no terminaron la escuela primaria o que son analfabetos.

7) Privación de información: no hay acceso a una radio o televisión (es decir, medios de difusión) en casa.

El umbral de pobreza es igual a 2 o más privaciones de la necesidad humana básica

Nuevamente, cuando echamos un segundo vistazo a la Pirámide de Jerarquías, notaremos que la primera y la segunda etapa están directamente relacionadas con la pobreza:

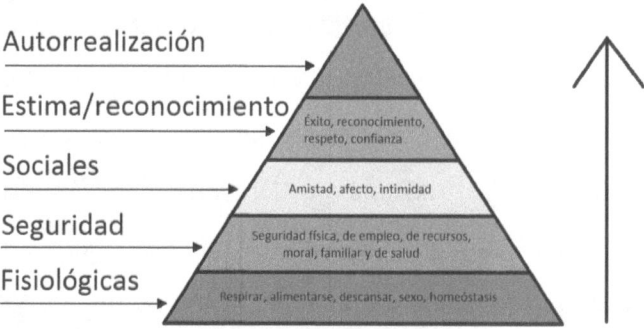

Luego revisamos los siguientes hechos, recopilados y publicados por Anup Shah [xxiii]:

- Casi la mitad del mundo, más de tres mil millones de personas, viven con menos de $ 2.50 por día.
- Al menos el 80% de la humanidad vive con menos de $ 10 por día.
- Más del 80 por ciento de la población mundial vive en países donde los diferenciales de ingresos se están ampliando.

- El 40 por ciento más pobre de la población mundial representa el 5 por ciento del ingreso mundial.
- El 20 por ciento más rico representa tres cuartas partes de los ingresos mundiales.
- Según UNICEF, 22.000 niños mueren cada día debido a la pobreza. Y mueren tranquilamente en algunas de las aldeas más pobres de la tierra, lejos del escrutinio y la conciencia del mundo. Ser manso y débil en la vida hace que estas multitudes moribundas sean aún más invisibles en la muerte.
- Se estima que alrededor del 27-28 por ciento de todos los niños en los países en desarrollo tienen bajo peso o retraso del crecimiento. Las dos regiones que representan la mayor parte del déficit son el sur de Asia y el África subsahariana.

Si las tendencias actuales continúan, el objetivo de los Objetivos de Desarrollo del Milenio de reducir a la mitad la proporción de niños con bajo peso será superado por 30 millones de niños, en gran parte debido al lento progreso en el sur de Asia y el África subsahariana.

- Según los datos de inscripción, alrededor de 72 millones de niños en edad escolar primaria en el mundo en desarrollo no estaban en la escuela en

2005; El 57 por ciento de ellos eran niñas. Y estos son considerados como números optimistas.

- Casi mil millones de personas ingresaron al siglo XXI sin poder leer un libro o firmar sus nombres.
- Para el año 2000 se necesitaba menos del uno por ciento de lo que el mundo gastaba cada año en armas para llevar a todos los niños a la escuela y, sin embargo, no sucedió.
- Las enfermedades infecciosas siguen arruinando las vidas de los pobres en todo el mundo. Se estima que 40 millones de personas viven con VIH / SIDA, con 3 millones de muertes en 2004. Cada año hay 350–500 millones de casos de malaria, con 1 millón de muertes: África representa el 90 por ciento de las muertes por malaria y los niños africanos representan más de 80 por ciento de las víctimas de la malaria en todo el mundo.

Los problemas con el Agua afectan a la mitad de la Humanidad:

- Unos 1.100 millones de personas en los países en desarrollo tienen un acceso inadecuado al agua y 2.600 millones carecen de saneamiento básico.

- Casi dos de cada tres personas que carecen de acceso a agua limpia sobreviven con menos de $2 al día, y una de cada tres vive con menos de $1 al día.
- Más de 660 millones de personas sin saneamiento viven con menos de $2 al día y más de 385 millones con menos de $1 al día.
- El acceso a agua corriente en el hogar promedia alrededor del 85% para el 20% más rico de la población, en comparación con el 25% para el 20% más pobre.
- 1.800 millones de personas que tienen acceso a una fuente de agua dentro de un kilómetro, pero no en su casa o patio, consumen alrededor de 20 litros por día. En el Reino Unido, la persona promedio usa más de 50 litros de agua al día en los inodoros (el consumo promedio diario de agua es de unos 150 litros al día. El consumo de agua promedio más alto del mundo se encuentra en los EE. UU., Con 600 litros al día).
- Alrededor de 1.8 millones de muertes infantiles cada año como resultado de la diarrea.
- La pérdida de 443 millones de días escolares cada año por enfermedades relacionadas con el agua.

- Cerca de la mitad de todas las personas en los países en desarrollo sufren en un momento dado un problema de salud causado por déficit de agua y saneamiento.
- Millones de mujeres pasan varias horas al día recogiendo agua.

A estos costos humanos se les puede agregar el desperdicio económico masivo asociado con el déficit de agua y saneamiento... Los costos asociados con el gasto en salud, las pérdidas de productividad y las desviaciones de mano de obra... son mayores en algunos de los países más pobres. El África subsahariana pierde alrededor del 5% del PIB, o unos $28,4 mil millones anuales, una cifra que supera los flujos totales de ayuda y el alivio de la deuda a la región en 2003.

Número de niños en el mundo.
2.2 mil millones
Número en la pobreza:
1 billón (cada segundo hijo)

Refugio, Agua Segura y Salud

Para los 1.9 billones de niños del mundo en desarrollo, hay:
- 640 millones sin albergue adecuado (1 en 3)
- 400 millones sin acceso a agua potable (1 en 5)

- 270 millones sin acceso a servicios de salud (1 en 7)

Niños fuera del Sistema Educativo a nivel Mundial

121 millones

Supervivencia Infantil

- En el mundo, murieron 10.6 millones en 2003 antes de cumplir los 5 años (igual que la población infantil en Francia, Alemania, Grecia e Italia)
- 1.4 millones mueren cada año por falta de acceso a agua potable segura y saneamiento adecuado

Salud Infantil

- En todo el mundo, 2,2 millones de niños mueren cada año porque no están inmunizados.
- 15 millones de niños huérfanos debido al VIH / SIDA (similar a la población total de niños en Alemania o Reino Unido)

Las áreas rurales representan tres de cada cuatro personas que viven con menos de US $ 1 por día y una proporción similar de la población mundial que sufre de desnutrición. Sin embargo, la urbanización no es sinónimo de progreso humano. El crecimiento de los tugurios urbanos está superando el crecimiento urbano por un amplio margen.

- Aproximadamente la mitad de la población mundial vive en ciudades y pueblos. En 2005, uno de cada tres habitantes urbanos (aproximadamente 1 billón de personas) vivía en condiciones de tugurios.

- En los países en desarrollo, unos 2.500 millones de personas se ven obligadas a depender de la biomasa (leña, carbón y estiércol animal) para satisfacer sus necesidades energéticas para cocinar. En África subsahariana, más del 80 por ciento de la población depende de la biomasa tradicional para cocinar, al igual que más de la mitad de las poblaciones de India y China.
- La contaminación del aire interior resultante del uso de combustibles sólidos [por los segmentos más pobres de la sociedad] es un asesino importante. Se cobra la vida de 1,5 millones de personas cada año, más de la mitad de ellos menores de cinco años: 4.000 muertes por día. Para poner este número en contexto, supera el total de muertes por malaria y compite con el número de muertes por tuberculosis.

En 2005, el 20% más rico del mundo representaba el 76,6% del consumo privado total. El quinto más pobre solo el 1.5%.

porquemaslow.com

Si los gobiernos en asociación con líderes / propietarios de la industria administran la riqueza y los recursos naturales en todo el mundo, ¿quién es responsable de mantener al 80% de la población muriendo de hambre y enfermedades en los dos escalones básicos de la Pirámide de Necesidades de Maslow?

EL AUTOR

Juan Ramon Rodulfo Moya, **Definido por la Naturaleza**: Habitante del Planeta Tierra, Humano, Hijo de Eladio Rodulfo y Briceida Moya, Hermano de Gabriela, Gustavo y Katiuska, Padre de Gabriel y Sofía; **Definido por la sociedad**: Ciudadano venezolano (Derechos Humanos Limitados por defecto), Amigo de muchos, enemigo de pocos, Vecino, Estudiante / Profesor / Estudiante, Trabajador / Supervisor / Gerente / Líder / Trabajador, Esposo de K / Ex-Esposo de K / Esposo de Y; **Definido por la Oficina de Inmigración de EEUU**: Legal Alien; **Estudios en aula**: Maestría en Gerencia de Recursos Humanos, Inglés, Chino mandarín; **Estudios en el mundo real**: Comportamiento humano; **Estudios en casa**: Webmaster SEO, Diseño Gráfico, Desarrollo de Aplicaciones y Páginas Web, Mercadeo en Internet y Redes Sociales, Producción de video, Branding de YouTube, Part 107 Piloto Comercial de Dron, Importación-exportación, Mercadeo de afiliados, cocina, lavandería, limpieza del hogar; **Experiencia laboral**: Sectores Público-Privado-

Emprendedor; **Otras definiciones:** Bitcoin Evangelista, Defensor de los Derechos Humanos, la Paz y el Amor.

Publicaciones:

Libros:

- Why Maslow: How to use his theory to stay in Power Forever (EN/SP)
- Asylum Seekers (EN/SP)
- Manual for Gorillas: 9 Rules to be the "Fer-pect" Dictator (EN/SP)
- Why you must Play the Lottery (EN/SP)
- Para Español Oprima #2: Speaking Spanish in Times of Xenophobia (EN/SP)
- Cause of Death: IGNORANCE | Human Behavior in Times of PANIC (EN/SP)
- Politics explained for Millennials, GENs XYZ and future generations (EN/SP)
-| Las cenizas del Ejército Libertador (EN/SP)
- Remain Silent: The only right we have. The legal Aliens (EN)
- Fortune Cookie Coaching 88 Motivational Tips Made Of Fortune Cookies, Vol I (EN/SP);

Blogs:

Noticias de Nueva Esparta, Ubuntu Café, Coffee Secrets, Guaripete Pro, Rodulfox, Red Wasp Drone, Barista Pro, Gorila Travel, Fortune Cookie Coach, All Books, Vicky Toys.

Producciones Audiovisuales:

Podcasts:

Ubuntu Cafe | Vicky Erotic Tales | Fortune Cookie Coach | All Books, disponibles en: juanrodulfo.com/podcasts

Música:

Albums: Margarita | Race to Extinction | Relaxed Panda | Amazonia | Cassiopeia | Caracas | Arcoiris Musical | Close Your Eyes | Daintree | He'e nalu, disponibles en: juanrodulfo.com/music

Fotografía y Video:

A la venta en Adobe Stock, iStock, Shutterstock y Veectezy, disponible en: juanrodulfo.com/gallery

Perfiles de redes sociales:

Twitter / FB / Instagram / TikTok/ VK / Linkedin / Sina Weibo: **@rodulfox**

Google Author: https://g.co/kgs/grjtN5

Google Artist: https://g.co/kgs/H7Fiqg

Twitter: https://twitter.com/rodulfox

Facebook: https://facebook.com/rodulfox

LinkedIn: https://www.linkedin.com/in/rodulfox

Instagram: https://www.instagram.com/rodulfox/

VK: https://vk.com/rodulfox

TikTok: https://www.tiktok.com/@rodulfox

TradingView: https://www.tradingview.com/u/rodulfox/

Referencias

[i] Con Fuerzas Políticas me refiero no solo al Gobierno de Venezuela convertida en una Dictadura escondida por una pseudo democracia y el Partido PSUV, sino por el Capital Privado y otros Gobiernos Mundiales con intereses en esa tierra llamada Venezuela.

[ii] Primer mundo, pero ¿devolviéndose al Segundo? ¿Tercero?...

[iii] Bilash Olenka, Jerarquia de las Necesidades de Maslow (Ultima Modificación en Junio de 2009) [Maslow's Hierarchy of Needs, (Last Modified June 2009)], Tomado en Octubre 30, 2018 de: https://sites.educ.ualberta.ca/staff/olenka.bilash/Best%20of%20Bilash/maslowshierarchy.html

[iv] Boeree C. George, ABRAHAM MASLOW 1908-1970, (2006), Tomado en Octubre 30, 2018 de: http://webspace.ship.edu/cgboer/maslow.html

[v] Boeree C. George, Abraham Maslow 1908-1970, (2006), Recuperado October 30, 2018 desde: http://webspace.ship.edu/cgboer/maslow.html

[vi] Burton Neel, Nuestra Jerarquia de Necesidades la Verdadera Libertad es un Lujo de la Mente, Descubre por qué (Mayo 23, 2012) [Our Hierarchy of Needs True Freedom is a luxury of the mind. Find out why, (May 23, 2012)], Tomado en Octubre 30, 2018 de: https://www.psychologytoday.com/us/blog/hide-and-seek/201205/our-hierarchy-needs

[vii] Abulof, U. Soc (2017) 54: 508. https://doi.org/10.1007/s12115-017-0198-6

[viii] Wikipedia, Jerarquía de las Necesidades de Maslow [Maslow's Hierarchy of needs], (Octubre 26, 2018), Tomado en Octubre 30, 2018 de: https://en.wikipedia.org/wiki/Maslow%27s_hierarchy_of_needs

[ix] McLeod Saul, Jerarquía de las Necesidades de Maslow[Maslow Hierarchy of needs], (actualizado 2018), Tomado en Octubre 30, 2018 de: https://www.simplypsychology.org/maslow.html

[x] Scott Jeffrey, Decodificando las Necesidades de Maslow para entender tu Comportamiento y Desarrollo Sicológico [Decoding Maslow's Human Needs to Understand Your Behavior and Psychological Development], Tomado en Octubre 30, 2018 de: https://scottjeffrey.com/abraham-maslow-hierarchy-of-needs/#A_Practical_Approach_to_Maslows_Hierarchy_of_Needs

[xi] Wikipedia, Política de los Alimentos [Food Politics], (Septiembre 5, 2018), Tomado en Octubre 30, 2018 de: https://en.wikipedia.org/wiki/Food_politics

xii Wikipedia, Seguridad Alimentaria [Food Security], (Octubre 16, 2018), Tomado en Octubre 30, 2018 de: https://en.wikipedia.org/wiki/Food_security#cite_note-26

xiii Vijay K Mago, Hilary K Morden, Charles Fritz, Tiankuang Wu, Sara Namazi, Parastoo Geranmayeh, Rakhi Chattopadhyay, and Vahid Dabbaghian, Analizando el Impacto de los factores sociales en la falta de vivienda: un enfoque desde un mapa cognitivo borroso [Analyzing the impact of social factors on homelessness: a Fuzzy Cognitive Map approach], (Agosto 23, 2013), Tomado en Octubre 30, 2018 de: https://www.ncbi.nlm.nih.gov/pmc/articles/PMC3766254/

xiv Onn Melanie, The Guardian, La falta de vivienda no es inevitable. Es una opción política tomada por el gobierno del Reino Unido [Homelessness is not inevitable. It's a political choice made by the UK government], (Septiembre 13, 2017), Tomado en Octubre 30, 2018 de: https://www.theguardian.com/housing-network/2017/sep/13/homelessness-not-inevitable-political-choice-uk-government

xv Calterone Williams. Jean, Las Políticas de falta de vivienda en los Estados Unidos [The Politics of Homelessness in the United States], (Enero 2017, Tomado en Octubre 30, 2018 de: http://www.oxfordhandbooks.com/view/10.1093/oxfordhb/9780199935307.001.0001/oxfordhb-9780199935307-e-153

xvi Joel John Roberts, Huffpost, 5 Razones por las cuales los Políticos ignoran la falta de vivienda [Five Reasons Why Politicians Ignore Homelessness], (Octubre 18, 2010), Tomado en Octubre 30, 2018 de: https://www.huffingtonpost.com/joel-john-roberts/five-reasons-why-politici_b_765353.html

xvii BUŞOI Cristian Silviu, Sistemas de Salud y la Influencia de las Ideologías Políticas [Health Systems and the Influence of Political Ideologies], (Febrero 14, 2010), Tomado en Octubre 30, 2018 de: http://journal.managementinhealth.com/index.php/rms/article/viewFile/103/234

xviii BAMBRA Clare, FOX Debbie, SCOTT-SAMUEL Alex, Hacia una política de Salud [Towards a politics of health], (Junio 2005), Tomado en Octubre 30, 2018 de: https://academic.oup.com/heapro/article/20/2/187/827479

xix ALICE Sarah, Factores Políticos que afectan la Educación [Political Factors Affecting Education], (Noviembre 3, 2017), Tomado en Octubre 30, 2018 de: http://khaleejmag.com/education/political-factors-affecting-education/

xx RADCLIFFE Brent, Como la Educación y el Adiestramiento afectan la Economía [How Education and Training Affect the Economy],

(Marzo 23, 2018), Tomado en Octubre 30, 2018 de: https://www.investopedia.com/articles/economics/09/education-training-advantages.asp

[xxi] RUECKERT Phineas, 10 Barreras para la Educación alrededor del Mundo [10 Barriers to Education Around the World], (Enero 24, 2018), Tomado en Octubre 30, 2018 de: https://www.globalcitizen.org/en/content/10-barriers-to-education-around-the-world-2/

[xxii] GORDON David, Indicadores de Pobreza y Hambre [Indicators of Poverty & Hunger], (Diciembre 2005), Tomado en Octubre 30, 2018 de: https://www.un.org/esa/socdev/unyin/documents/ydiDavidGordon_poverty.pdf

[xxiii] SHAH Anup, Poverty Facts and Stats, (January 7, 2013), Retrieved October 30, 2018 from: http://www.globalissues.org/article/26/poverty-facts-and-stats

www.ingramcontent.com/pod-product-compliance
Lightning Source LLC
LaVergne TN
LVHW042252070526
838201LV00109B/328/J